ZWEIUNDZWANZIG FASZINATIONEN

ALEXANDER GARTH

ZWEIUNDZWANZIG FASZINATIONEN

Ein christliches Antidepressivum

EVANGELISCHE VERLAGSANSTALT
Leipzig

Alexander Garth, Jahrgang 1958, ist Pfarrer, Publizist, Autor und Dozent. Aufgewachsen in Sachsen studierte er Evangelische Theologie in Leipzig und war zunächst Pfarrer und Gemeindegründer in Sonneberg (Thüringen). Anschließend wurde er Pfarrer und Bereichsleiter in der Berliner Stadtmission und gründete die Junge Kirche Berlin. Von 2016 bis 2023 war er Pfarrer in Wittenberg an der Mutterkirche der Reformation. Seit 2023 ist er offiziell im Ruhestand, aber intensiv beschäftigt mit Vorträgen, Predigten und Lehrtätigkeiten an theologischen Seminaren sowie als Autor und Lebensberater. Seine Kompetenzbereiche liegen in der Religionssoziologie, der Missiologie, der Kommunikation des Evangeliums in eine säkulare Postmoderne und in der Gemeindeentwicklung. Dabei ist die globale Religionsentwicklung und der Aufbruch des Christentums in eine Welt, die in unserer Kultur zunehmend säkular geprägt ist, aber global gesehen immer religiöser wird, sein Lieblingsthema. Garth ist verheiratet und lebt mit seiner Familie in Berlin.
www.alexandergarth.de

Bibliographische Information der Deutschen Nationalbibliothek:
Die Deutsche Nationalbibliothek verzeichnet diese Publikation in der
Deutschen Nationalbibliographie; detaillierte bibliographische Daten
sind im Internet über http://dnb.dnb.de abrufbar.

© 2025 by Evangelische Verlagsanstalt GmbH · Leipzig
Printed in Germany

Das Werk einschließlich aller seiner Teile ist urheberrechtlich geschützt.
Jede Verwertung außerhalb der Grenzen des Urheberrechtsgesetzes ist
ohne Zustimmung des Verlags unzulässig und strafbar. Das gilt insbesondere für Vervielfältigungen, Übersetzungen, Mikroverfilmungen und die
Einspeicherung und Verarbeitung in elektronischen Systemen.

Das Buch wurde auf alterungsbeständigem Papier gedruckt.

Cover: Anja Haß, Leipzig
Coverbild: © metamorworks/iStockPhoto.com
Satz: makena plangrafik, Leipzig & Zwenkau
Druck und Binden: CPI books GmbH

ISBN 978-3-374-07755-7 // eISBN 978-3-374-07756-4 (PDF)
www.eva-leipzig.de

EINKLANG

Zweiundzwanzig Faszinationen als Antidepressivum habe ich geschrieben, weil ich sehe und spüre, dass eine Woge der Hoffnungslosigkeit und Zukunftsangst über unser Land hereinbricht. Kriegsgefahr, Wirtschaftsabschwung, Klimakrise, steigende Kriminalität, militanter Islamismus und Polarisierung der Gesellschaft verschlechtern das Lebensgefühl vieler Menschen. Die Medien fördern mit ihrer Fixierung auf negative Meldungen und der Schwarzmalerei von Horrorszenarien die miese Stimmung im Land. In solchen Zeiten sind die Entdeckung von Hoffnungs- und Glaubensressourcen von großer Wichtigkeit, um zu einem positiven Lebensgefühl und begeisterten Leben zu finden, gegen allen Frust und Pessimismus unserer Zeit. Der lebendige christliche Glaube ist eine frisch sprudelnde Quelle von positiver Energie: Ermutigung, Kraft, Hoffnung, Geborgenheit, Vitalität. Dieses Buch ist ein fröhlicher Streifzug durch das, was mich fasziniert und hoffnungsfroh macht: persönliche Erlebnisse, Glaubenserfahrungen, Gedanken zu Wissenschaft, Geschichte und Theologie, mit dem Versuch, alles spannend und unterhaltsam zu präsentieren. Ich hoffe, ich kann mit diesem Buch einen bescheidenen Beitrag leisten, die Stimmung etwas zu bessern und Hoffnung und Glauben in die Herzen zu pflanzen.

INHALT

Einklang — **5**

1. Faszination:
   Die Überraschung meines Lebens — **9**

2. Faszination:
   Gottes kreative Ideen für unser Leben — **14**

3. Faszination:
   Es werde Licht — **17**

4. Faszination:
   Der große Knall, damit es uns gibt — **21**

5. Faszination:
   Der komplizierteste Code der Welt — **27**

6. Faszination:
   Eine Kommunikationsoffensive — **34**

7. Faszination:
   Der faszinierendste Mensch aller Zeiten — **40**

8. Faszination:
   Vergebung — **53**

9. Faszination:
   Der Sieg des Lebens — **58**

10. Faszination:
    Himmel in Herzen — **65**

11. Faszination:
    Eine boomende globale Bewegung — **71**

12. Faszination:
    Der Sinn des Lebens — **79**

13. Faszination:
    Identität — **88**

14. Faszination:
    Das Glück des Lebens — **96**

15. Faszination:
    Die Wiedergeburt Israels — **117**

16. Faszination:
    Mauerfall — **126**

17. Faszination:
    Verloren und gefunden in Indien — **135**

18. Faszination:
    Ein himmlisches Fest — **140**

19. Faszination:
    Leidenschaft — **148**

20. Faszination:
    Gottes fragwürdige Helden — **157**

21. Faszination:
    Warum ich immer noch glaube — **164**

22. Faszination:
    Vom Urknall bis zum Happy End — **175**

Nachklang — **181**

1. FASZINATION: DIE ÜBERRASCHUNG MEINES LEBENS

Dieses Buch beginnt mit der größten Überraschung meines Lebens. Sie ist für mich bis heute die faszinierendste Entdeckung, die man auch als Wunder bezeichnen könnte: dass es eine Macht gibt, die nicht von dieser Welt ist, die sich aber mitteilt, in unser Leben einbricht und das Herz erleuchtet und wärmt.

Um zu verstehen, worüber ich spreche, muss ich das zugrundeliegende Weltbild ein wenig erklären. Es gibt eine Weltsicht, die fast alle Menschen auf Erden teilen: das *spirituelle Weltbild*. Es geht aus von der Verdopplung der Wirklichkeit. Es gibt die sichtbare, endliche Wirklichkeit, und es gibt die unsichtbare, unendliche Wirklichkeit – diese geschaffene Welt und die ewige, jenseitige Welt. Für letztere hat man viele Begriffe gefunden: Jenseits, Himmel, Ewigkeit, Transzendenz. Die diesseitige Welt funktioniert nach naturwissenschaftlichen Gesetzen, in der jede Wirkung eine natürliche Ursache hat. Es ist die Welt der Pflanzen, Tiere und Menschen. Und es gibt die jenseitige Wirklichkeit der Engel, der guten und bösen jenseitigen Wesen. Das spekulative Denken, das sich mit der Welt der jenseitigen Mächte und geistlichen Kräfte befasst, wird mit dem Begriff Metaphysik umschrieben. Etwa 95 Prozent der Menschheit hängen einem spirituellen Weltbild an, Zahl steigend. Es ist die Grundüberzeugung der Menschheit von Anbeginn. Wir finden sie in allen Kulturen und Epochen. Dem entgegen steht ein sehr junges Weltbild, dem etwa fünf Prozent der Menschheit zugetan sind: dem *materialistischen Weltbild*. Friedrich Engels, einer der wichtigen Ideengeber des Materialismus im 19. Jahrhundert, lehrte: »Die stofflich, sinnlich wahrnehmbare Welt, zu der wir selbst gehören, ist die einzig wirkliche.« Diese Weltsicht wird auch das immanent-kausale Weltbild genannt, weil in diesem alles nach streng innerweltlichen Gesetzen von Ursache und Wirkung abläuft. Die meisten seiner Anhänger wohnen in Europa und besonders in Ostdeutschland. Diese Weltsicht reduziert die Wirklichkeit auf die materielle, wissenschaftlich erforschbare Welt. Dieses Weltbild ist radikal diesseitig. Es gibt kein Jenseits, keinen Himmel, keine Hölle. Der Mensch ist kein spirituelles Wesen. Er hat keine Geistseele, keine unsterbliche spirituelle Kernpersönlichkeit, kein Bewusstsein, das den Tod überdauert. Bewusstsein ist nur eine Funktion der Materie, die sich ihrer selbst bewusst geworden ist. Ein amerikanisches Wissenschaftsmagazin fasste diese Weltsicht mit den Worten zusammen: »No heaven, no hell, just science« (keine Himmel keine Hölle, nur Wissenschaft).

Obwohl ich in der DDR aufgewachsen bin mit ihrem Atheismus als Staatsdoktrin, war das spirituelle Weltbild für mich eine Selbstverständlichkeit. Dennoch blieb mir der christliche Glaube in dem, was ihn eigentlich ausmacht, fremd.

Als Kind und Jugendlicher hatte ich viel von Gott und Jesus gehört. Es gefiel mir, wie er mit den Menschen umging, Wunder tat, den religiösen Eiferern unbequeme Dinge sagte, den Sündern ihre Schuld vergab, die Kranken heilte und Geschichten über Gottes sehnsüchtige Liebe erzählte. Ich mochte dieses Christentum. Aber das alles war mindestens zweitausend Jahre her. Viel zu weit weg, um es bedeutsam zu finden. Zweitausend Jahre sind zu viel. Da verschwindet alles im Nebel der Geschichte. Was haben diese ganzen Gott-und-Jesus-Geschichten mit meinem Leben zu tun? Ich hörte, wie Gott vor langer Zeit gehandelt hatte. Aber ich lebe heute! Ich hörte, was Jesus vor zweitausend Jahren getan hatte, aber niemand sagte mir, was er *heute* tut in meiner Zeit und in meiner Welt. Ich hörte, wer er damals war, aber nicht, wer er heute ist für Menschen wie mich, die voller Lebenshunger und Sehnsucht nach dem fragen, was wirklich zählt.

Ich war ein Teenager, als ich Johanna traf, eine Krankenschwester. Sie erzählte mir von ihrem Glauben und lieh mir ein Buch: *Das Kreuz und die Messerhelden* von David Wilkerson. Ich dachte »Super, ein Buch aus dem Westen!« (in der DDR waren Bücher aus dem Westen verboten). Ich las es in einem Ritt. Es berichtet über die Anfänge einer Drogenarbeit, die zu einer weltweiten Bewegung wurde. Unzählige drogenabhängige Jugendliche kamen durch diese Arbeit von Heroin, Hass und Gewalt los. Was ich da las, haute mich vom Hocker. *Waaas?* Ein Jesus, der heute kriminellen Bandenmitgliedern begegnet und sie zu Boten von Liebe und Frieden macht? Ein Jesus, der in unseren Tagen heroinsüchtige Wracks mit Gottes Geist erfüllt und sie von lebenszerstörenden Bindungen befreit? Wenn das stimmt, dann habe ich eigentlich überhaupt noch nicht verstanden, was der christliche Glaube ist. Ich begann, die Bibel zu lesen. Und ich besuchte Gottesdienste. In mein Herz wurde eine Sehnsucht gepflanzt. Ich wollte keine *Theorie* über einen guten Hirten. Ich wollte *den* guten Hirten. Ich wollte kein *Dogma* über den Sohn Gottes, ich wollten *den* Sohn Gottes. Ich wollte *den* Jesus, der heute seine Lebendigkeit und Bedeutsamkeit erweist. Ich wollte *den* Jesus, dessen Wirklichkeit und Liebe heute erfahrbar ist, der mir Sinn und Orientierung gibt. Ich wollte Jesus nicht nur als religiöse Theorie, sondern als Begegnung. Ich wollte *den* Jesus, der mich göttliches Leben spüren lässt und der mir zuspricht: »Ich lebe, und du sollst auch leben.«

Dann war dieser Jugendgottesdienst. Der Jugendpfarrer Klaus Vogt sprach über das Thema »Jesus lebt«. Er erzählte, wie der lebendige Jesus das Leben von Jugendlichen positiv verändert. Ich saß da mit offenem Mund. Es war, als ob dieser Pfarrer nur für mich redete. Und ich erkannte, dass ich das Wichtigste am christlichen Glauben nicht verstanden hatte: Ostern! Das Grab ist leer! Jesus ist auferstanden! Er lebt und wirkt! Im Anschluss ging ich zum Jugendpfarrer und bat um ein Gespräch. Wie bekomme ich das in mein Leben? Wie kommt Jesus zu mir? Wir knieten uns gemeinsam nieder. Er sprach mit mir ein Hingabegebet an Jesus. Ich betete von ganzem Herzen mit. Dann legte er mir die Hände auf, damit ich den Heiligen Geist empfange. An dem Abend ging ich sehr froh und leicht wie eine Feder zu Bett. Am nächsten Vormittag kam ein Jubel in meine Seele, und ich wusste in meinem Herzen: Jesus lebt, ich gehöre zu ihm. Das Evangelium ist wahr. Du kannst ihm vertrauen. Jesus war kein bloßer Titelheld mehr aus einer sehr alten Vergangenheit, sondern der Lebendige, der mich mit einer unglaublichen Freude und Faszination erfüllte und meinem Leben eine neue Richtung gab. Es war die größte Überraschung meines Lebens. Jesus, Gott, geistliche Kraft waren zu einer erfahrbaren Wirklichkeit geworden.

Meine Eltern hatten sich viele Sorgen um mich gemacht, denn ich war wie ein wildes Pferd voller ungezähmter Neigungen und empfänglich für jedes Abenteuer. Ich hatte zu der Zeit eine Ausbildung zum Krankenpfleger im Dresdener Diakonissenkrankenhaus begonnen. Nach einem viertel Jahr warf man mich raus, weil ich mich nicht an die Hausordnung hielt und mit den Schwesterschülerinnen Partys feierte. Ich erzählte meiner Mutter von meiner Bekehrung. Besorgt und ungläubig rief sie den Jugendpfarrer an und fragte, was mit mir passiert sei. Er sagte ihr: »Sie brauchen sich keine Sorgen zu machen. Das wilde Pferd hat einen Reiter gefunden.«

2. FASZINATION: GOTTES KREATIVE IDEEN FÜR UNSER LEBEN

Als Kind steckt man voller Erwartungen an die Welt und das Leben. Man träumt davon, besondere Abenteuer zu bestehen und etwas Großartiges zu vollbringen: einen Drachen erschlagen, eine Prinzessin befreien, eine Insel entdecken, einen Tyrannen stürzen. Oder noch besser: etwas Neuartiges zu erfinden – Spielzeug, das sich selbst wegräumt; ein Fluggerät, das die Schwerkraft aufhebt; die selbstreinigende Windel für junge Eltern; einen Wecker, der erkennt, dass man noch müde ist, und sich selbst abschaltet oder die Weckzeit auf eine Stunde später stellt.

Diese kindlichen Träumereien zeigen etwas Wichtiges an: die Sehnsucht, seinem Leben Bedeutung zu geben und es nicht zu verplempern. Einige Monate nach der überraschenden und faszinierenden Glaubenserfahrung nahm ich an einer christlichen Jugendfreizeit teil. An einem Nachmittag saß ich allein in der kleinen Kirche des geistlichen Einkehrzentrums und fragte mich: Was soll ich mit meinem Leben anstellen? Was ist der Sinn, und was kann ich tun, damit mein Leben gelingt? Ich betete: »Herr, hast du eine Idee für mein Leben? Was soll ich tun?« Nach einer Zeit der ratlosen Stille vernahm ich ein leises Flüstern in meinem Inneren. Kein hörbares Reden, sondern ein Sprechen zu meinem Herzen: »Werde Pfarrer, ein Verkündiger der besten Botschaft!«. Hatte ich mich verhört? Kam das aus meinem menschlichen Inneren, oder war es Gott, der seine Gedanken in mich einhauchte? Ich selber wäre nicht auf die Idee gekommen, Theologie zu studieren. Altgriechisch, Latein und Hebräisch zu pauken (ich wusste, dass die alten Sprachen zum Theologiestudium gehören), darauf hatte ich keinen Bock. Dafür muss man entweder superschlau sein oder ein Streber, dachte ich. Ansonsten wird das mit dem Sprachenlernen eine Quälerei. Das Problem: Ich war weder superschlau noch einer, der Lust aufs Lernen hatte. Wenn aber Gott zu mir geredet hat, dann können die alten Sprachen doch nicht das Problem sein. Gott kennt mich schließlich besser als ich mich selbst. Wenn er mir das zutraut, dann muss ich es wohl können. Vielleicht brauchen andere nicht so ein Berufungserlebnis, um sich auf den richtigen Weg zu machen. Aber ich schon. Von selbst wäre ich nicht darauf gekommen, an eine Theologiehochschule zu gehen. Als ich dann später in einem kirchlichen Altsprachengymnasium und am Theologischen Seminar in Leipzig die alten Sprachen lernte, war ich überrascht. Es lief ganz gut, doch nicht ohne Fleiß. Ich war nicht der Beste, aber immerhin im ersten Drittel.

Gott hat für jeden Menschen herausfordernde Ideen, um ihn aus Trägheit und Mittelmäßigkeit herauszuführen. Das ist meine Überzeugung. Die Not dieser Welt ist unermesslich: Armut, Gottlosigkeit, mangelnde Bildung, Gewalt, Unfrieden, Ungerechtigkeit. Gott kennt uns besser als wir selbst. Er weiß, was an Potential in uns steckt. Er kennt unsere Begabungen und unsere Grenzen. Der Glaube aber ist eine Kraft und Motivation, unsere Begrenzungen zu überschreiten. Das war eine wichtige Lektion, die mir besonders in der Arbeit mit Jugendlichen wichtig wurde. Gott hat Ideen für dein Leben, wie du ihm dienen kannst. Dem Himmel zur Freude und den Menschen zum Segen. Christsein heißt, nahe am Herzen Gottes zu leben und auf sein Reden zu unsrem Herzen zu hören. Wenn man für Jesus etwas bewegen will, dann werden unsere Möglichkeiten entgrenzt, weil Gott unendlich ist. »Bei Gott ist kein Ding unmöglich« steht in der Bibel. Der Engel spricht es zur Jungfrau Maria, die ohne das Zutun eines Mannes schwanger werden soll, um die Mutter des Erlösers, des Messias und Gottessohnes zu werden. Die Geschichte und auch die Gegenwart sind voller nachahmenswerter Beispiele, Männer und Frauen, die Gott berufen hat, das Außergewöhnliche zu wagen.

3. FASZINATION: ES WERDE LICHT

Manchmal bin ich so von der Schönheit dieser Welt überwältigt, dass ich jauchzen könnte vor Glück: wenn ich im azurblauen klaren Wasser einer Bucht im Mittelmeer schwimme, wenn ich einen Dreitausender besteige und über die weißen Gipfel schaue, wenn ich den Sternenhimmel betrachte und über das leuchtende Band unserer Milchstraße nachsinne, wenn mein kleiner Enkel mich anstrahlt, wenn die Sonne glutrot am violetten Horizont verschwindet, wenn ein Vogelschwarm über den Himmel zieht, dirigiert von einem rätselhaften Navigationssystem. Ich erblicke eine universale Harmonie und verblüffende Sinnhaftigkeit und frage mich: Wessen Idee war das, und wie hat das alles angefangen?

Die Bibel beginnt mit einem Bericht über die Schöpfung der Welt. Dabei handelt es sich nicht um einen naturwissenschaftlichen Text. Vielmehr geht es um die Überzeugung, dass das Universum, das Leben und die Existenz des Menschen auf eine uns unendlich überlegene, planende, kreative Intelligenz mit einem gestaltenden Willen zurückzuführen sind. Am Anfang des Schöpfungsberichts der Bibel steht ein Satz, der es in sich hat: »Und Gott sprach: Es werde Licht! Und es ward Licht.« (1. Mose 1,3)

Die Entstehung des Lichts hat einen Namen: »Urknall«, Big Bang. Vor 13,8 Milliarden Jahren wurde das Universum von einem Punkt aus gestartet, der viel kleiner war als ein Atomkern, von der Kosmologie »Singularität« genannt. Was sich da ereignete, sprengt alle Vorstellungskraft. Damals entstanden Zeit, Raum und Materie. Die Naturgesetze wurden in die Existenz gerufen samt den Naturkonstanten wie Gravitation, Elektromagnetismus und die geheimnisvolle Zahl Pi. Das gewaltige, unermesslich große Universum wurde geboren. Seitdem dehnt es sich aus mit rasender Geschwindigkeit. Nicht nur unsere Milchstraße entstand. Zum Kosmos gehören viele Milliarden Galaxien in einem mindestens 100 Milliarden Lichtjahre großen Universum.

Das Licht dieser urgewaltigen Explosion kann man als kosmische Hintergrundstrahlung im gesamten Universum messen. Sie gilt als das Lichtecho des Urknalls. Seine Entdeckung ist ein spannendes Kapitel der Wissenschaftsgeschichte. Zwei Forscher, *Arno Penzias* und *Robert Wilson*, untersuchten Anfang der 1960er Jahre an den Bell Laboratories (USA) den Himmel mit Hilfe einer sehr empfindlichen Antenne für radioastronomische Messungen im Bereich unserer Milchstraße. Dabei stießen sie auf ein ständiges Hintergrundrauschen im Mikrowellenbereich, ein ununterbrochenes Zischen, das jede experimentelle Arbeit unmöglich machte und für das es keine Erklärung gab. Ein Jahr lang versuchten die Forscher alles, was ihnen in den Sinn kam, um die Ursachen des Geräusches ausfindig zu machen und zu beseitigen. Diese unerklärliche Strahlung kam aus allen Himmelsrichtungen. Nachdem die beiden Forscher alle möglichen Fehlerquellen untersucht und ausgeschlossen hatten, blieb nur der Schluss übrig, dass das Signal aus dem All eine physikalisch reale Ursache hat. Die Strahlung, die keiner gesucht hatte, ist über den gesamten Himmel verteilt. Aber was ist die Quelle? Bei der

Suche nach einer Antwort fand man schnell heraus, dass die Sterne hierfür nicht in Frage kommen. Es muss sich um die Reststrahlung des Urknalls handeln, die schon der geniale Vordenker der Urknalltheorie *George Gamow* 1948 vorausgesagt hatte. Weitere Untersuchungen bestätigten diese These, dass der Weltraum diese schwache Wärmestrahlung abgibt. Man hatte das heruntergekühlte Strahlungsfeld des Urknalls entdeckt. Das Weltall gleicht einem Zimmer, das auch dann noch warm ist, wenn der Ofen bereits nicht mehr brennt. Die Forscher *Arno Penzias* und *Robert Wilson* wurden 1978 für ihre Entdeckung der kosmischen Hintergrundstrahlung mit dem Nobelpreis für Physik ausgezeichnet.

Der Mikrowellen-Strahlungshintergrund war eine der faszinierendsten Entdeckungen, die die Menschheit je gemacht hat. Sie ist das wichtigste Indiz für die Urknalltheorie und für die Expansion des Universums. Der Nobelpreisträger *George Smoot* kommentierte diese wissenschaftliche Sensation mit den Worten: »Die Entdeckung der kosmischen Hintergrundstrahlung durch Penzias und Wilson markiert zweifelsohne eine Zeitenwende in der Kosmologie.« Wir sehen den ersten Lichtstrahl, als das Universum seinen Anfang nahm, das Schöpfungslicht, als der Kosmos aus einem Punkt heraus explodierte und in einem gigantischen Urknall zur Entstehung des Universums führte und zu allem, was überhaupt existiert. Dieses Licht strahlt nun im gesamten Universum.

1989 gelang es durch einen Satelliten, der mit einem speziellen Detektor ausgerüstet war, die Hintergrundstrahlung des Universums zu messen. Im Laufe der Ausdehnung des Universums hat sich die Strahlung auf minus 270 Grad abgekühlt. Sie ist überall im Universum ziemlich gleich und beträgt 400 Photonen (Lichtquanten) Licht in jedem Kubikzentimeter des Alls. *George Smoot,* der diese Forschungsarbeit leitete, erhielt später den Nobelpreis dafür. Auf der Pressekonferenz sagte er: »Für einen gläubigen Menschen ist das, als erblicke er das Angesicht Gottes.« Zwei Journalisten verließen unter Protest das Auditorium und verpassten eine spannende Präsentation.

Beim Urknall drängt sich die Frage auf: Hat da jemand »geknallt«? Die Naturwissenschaft sagt: »Für diese Frage sind wir nicht zuständig. Gott, falls es ihn gibt, ist nicht Teil dieser Welt und kann daher auch nicht mit den Mitteln und Methoden dieser Welt erforscht werden.« Der Glaube sagt: »Alles, was da ist, verdankt seine Existenz einem unendlich kreativen, intelligenten Schöpfer.« Gott kann man nicht beweisen, aber das Nachdenken über die unglaubliche Feinabstimmung und Organisation der Welt und ihrer Naturgesetze führte viele Naturwissenschaftler zur Gottesfrage. Ist da wer? Steht hinter allem, was ist, eine geniale, von nichts begrenzte, ordnende und schaffende Macht? Auch der Physiker und Nobelpreisträger *Werner Heisenberg*, einer der drei ganz Großen der modernen Physik (mit Einstein und Planck), stellte sich diese Frage. Er schreibt: »Der erste Trunk aus dem Becher der Naturwissenschaft macht atheistisch, aber auf dem Grund des Bechers wartet Gott.«

Wer noch einen alten Fernseher hat, der kann das erste Licht aus dem Schöpfungsakt sichtbar machen. Wenn die eingestellte Frequenz nicht auf einem Sender liegt, dann ist so ein eigenartiges Flimmern zu sehen. Etwa 1 Prozent davon ist die kosmische Hintergrundstrahlung. Wir können uns andächtig vor den Bildschirm setzen und Gott beim Knallen zusehen.

4. FASZINATION: DER GROSSE KNALL, DAMIT ES UNS GIBT

Die neuzeitliche Erforschung des Universums brachte den Menschen eine Demütigung nach der anderen. Einst waren wir der Mittelpunkt der Welt und unsere Erde das Zentrum, um das Sonne und Planeten kreisen. Dann kam *Kopernikus*, und unsere Erde wurde zu einem von mehreren Planeten, die die Sonne umrunden. Die nächste Demütigung ließ nicht lange auf sich warten. *Galileo Galilei* besorgte sich das beste Fernglas, das man damals erwerben konnte, und schaute sich die Milchstraße an. Was er da erblickte, machte ihn fassungslos. Unsere Milchstraße besteht aus unzähligen Sternen. Sie ist ein riesiges System, zu dem wir gehören. Später rückten wir noch weiter aus dem Zentrum, als Forscher herausfanden, dass unser Sonnensystem sich am Ende eines Spiralarmes unserer Galaxie befindet. Deren Ausdehnung ist gigantisch. Das Licht braucht von einem Ende zum anderen ungefähr 100.000 Jahre. Wir befinden uns da irgendwo am Rand und umkreisen das Zentrum des Ganzen mit rasender Geschwindigkeit. Vollends verrückt wurde es, als der Astronom *Edward Hubble* mit Hilfe seines Teleskops 1923 entdeckte, dass es außer unserer Galaxie noch viele andere Galaxien gibt. Nun sind wir weniger als ein Staubkorn in den unendlichen Weiten des Alls.

Doch dann entdeckten die Kosmologen einen echten Minderwertigkeitskiller. Je mehr sie über das Universum und seine Entstehung lernten, um so mehr kamen sie ins Staunen. Wir leben in einem für uns maßgeschneiderten Universum. Es hat den Anschein, als ob das Universum auf etwas hinziele: die Existenz des Menschen. Wie war es möglich, dass in einem kalten, lebensunfreundlichen Universum Leben und schließlich der Mensch entstehen konnte? Im Urknall wurden die Naturgesetze in die Existenz gerufen und die Naturkonstanten geschaffen und fixiert, wie z. B. Gravitation, Elektromagnetismus, Lichtgeschwindigkeit, Plancksches Wirkungsquantum. Das Universum begann sich zu bilden streng nach diesen Gesetzen. Die Naturkonstanten sind feste physikalische Größen, deren Wert und Wirkungsmechanismen im gesamten Universum und zu jeder Zeit absolut unveränderlich sind. Würde sich auch nur eine Naturkonstante um nur ein Millionstel ändern, und wenn auch nur für eine Nanosekunde, es gäbe keine Atome, keine Sterne, keine Planeten, kein Leben und gleich gar keine Menschen. Die Gravitationskraft zum Beispiel ist die schwächste von allen Naturkräften. Wäre sie nur 1 zu 10^{40} stärker, so hätten sich keine Galaxien, Sonnensysteme und Planeten bilden können. Das Universum wäre nach dem Urknall sofort wieder in sich zusammengekracht.

Auf die Frage, warum die Naturkonstanten genauso sind, wie sie sind, gibt es keine Antwort. Sie sind einfach so fixiert worden beim Start des Universums. Die Naturwissenschaft versucht zu ergründen, wie etwas entstanden ist. Doch der Mensch will mehr wissen. Er fragt, warum. Und da landet man unwillkürlich bei der Frage: Gibt es hinter allem Werden der Welt eine unendlich geniale Ordnungskraft, einen unabhängig und außerhalb aller Welt agierenden Schöpfer? Das heikle Gleichgewicht physikalischer Konstanten und Werte, wie es exakt für das Leben erforderlich ist, lässt sich nicht als bloßer blinder Zufall abtun, sondern verlangt nach einer Erklärung. Die unglaubliche Feinabstimmung, die uns in den Gesetzen des Universums begegnet, bedeutete für *Sir Fred Hoyle,* Physiker und Mathematiker, die größte Anfechtung für seinen Atheismus. Er schreibt: »Nichts hat meinen Atheismus so sehr erschüttert wie die Feinabstimmung der Naturkonstanten«. Er bemerkt verschmitzt: »Es sieht so aus, als ob ein Superintellekt mit der Physik, der Chemie und der Biologie herumgespielt habe.« 1964 resümierte der Physik-Nobelpreisträger *Charles Townes:* »Bei den Gesetzen des Universums ist ein intelligentes Wesen involviert.« Der Astronom *Allan Sandage* gilt als einer der Väter der modernen Kosmologie, weshalb er von der Astronomenzunft ehrfürchtig »Mister Cosmology« genannt wurde. Durch seine Forschungen machte er eine interessante Entwicklung vom Atheismus zum Glauben an Gott. Er kam zu der Überzeugung, je mehr wir vom Universum und seinem Anfang wissen, um so mehr drängt sich die Vorstellung auf, dass ein Schöpfer am Werk ist. Sandage schrieb 1991 in der *New York Times*: »Ich finde es ziemlich unwahrscheinlich, dass eine solche Ordnung aus dem Chaos kam. Es muss irgendein Organisationsprinzip geben. Für mich ist Gott ein Rätsel, aber er ist die Erklärung für das Wunder der Existenz – warum es etwas und nicht vielmehr nichts gibt.« *Johann Dorscher,* Astrophysiker an der Universität Jena, geht noch weiter, wenn er sagt: »Es hat wirklich den Anschein, als ob wir von Anfang an eingeplant gewesen wären.«

Dass das gesamte Universum präzise auf *ein* Ziel abgestimmt ist, fasst die Wissenschaft in dem Wortpaar »*Anthropisches Prinzip*« (Anthropos – Mensch) zusammen. Es besagt, dass wir in einem exakt auf uns abgestimmten Universum leben, das von Anfang an haarscharf darauf zielt, dass es den Menschen gibt. *Arno Penzias,* Nobelpreisträger und einer der beiden Entdecker der Hintergrundstrahlung, sagt: »Die Astronomie führt uns zu einem einzigartigen Ereignis, einem Universum, das aus dem Nichts geschaffen wurde, eines mit der minutiösen Ausgewogenheit, die notwendig ist, um genau die richtigen Bedingungen zum Leben herzustellen, und eines, das einen zugrunde liegenden (man könnte sagen, übernatürlichen) Bauplan hat.« Der 2018 verstorbene *Stephen Hawking*, der vielleicht bedeutendste Physiker unserer Zeit, spürte in seiner Laufbahn als Wissenschaftler immer deutlicher, dass der Atheismus im Hinblick auf die Existenz des Menschen viele Probleme aufwirft und keine löst. Er schreibt: »Es wäre schwierig zu erklären, warum das Universum gerade so begonnen haben sollte, wenn es nicht ein Akt Gottes gewesen wäre, der Geschöpfe wie uns schaffen wollte.« Ein Bekannter von mir, der gerade ein bisschen Pech hat, sagte kürzlich: »Es hat den Anschein, als ob kurz nach dem Urknall etwas für mich schiefgelaufen ist.« Dieser Satz trägt humorvoll und philosophisch der Wahrheit Rechnung, dass unsere Existenz von einem komplizierten und empfindlichen Gleichgewicht von Anfangsbedingungen beim Urknall abhängt.

Während das Anthropische Prinzip für einige Wissenschaftler dafür spricht, dass hinter allem Seienden eine kreative Superintelligenz steht, die den Menschen wollte, suchen andere Forscher nach Lösungen, wie die auf den

Menschen zielende Feinabstimmung zu erklären ist, ohne dabei auf einen großen Designer zu schließen. Sie entwickelten die Multi-Universen-Theorie, nach der es unendlich viele Universen gibt. Damit steigt die Wahrscheinlichkeit ins Unendliche, dass mindestens ein Universum entstand, das die nötigen Bedingungen für Leben bietet. Kritiker dieses Modells sagen, dass man mit dieser Theorie alles und nichts behaupten kann. Es ist der Versuch, die Zufallshypothese zu retten, indem man die Wahrscheinlichkeitsressourcen beliebig multipliziert, um die Feinabstimmung zu ermöglichen, welche die Voraussetzungen für die Entstehung von Leben ermöglicht.

Das Anthropische Prinzip ist kein Gottesbeweis, sondern ein Hinweis darauf, dass eine Entstehung des Universums und des Lebens ohne einen Schöpfer wenig plausibel erscheint und viele neue Probleme eröffnet. Die Entdeckung des Anthropischen Prinzips wird gern für eine moderne Variante des teleologischen Gottesbeweises gehalten. Wer den Unterschied der Kriminologie zwischen Beweis und Indiz kennt, der weiß: Es handelt sich um ein Indiz für das Wirken des ewigen heiligen Schöpfers, der den Menschen schuf als Gegenüber seiner Liebe. Gott drängt uns seine Liebe nicht auf. Darum entzieht er sich unserer Beweisbarkeit und wirbt um unser Vertrauen und um unsere Liebe.

Interessanterweise finden sich in der Heiligen Schrift zwei Stellen, in denen ausgeführt wird, dass das Heil für die Menschen durch Christus schon vor der Erschaffung der Welt eine beschlossene Sache Gottes war. Wobei »vor« eine menschlich-irdische Zeitkategorie ist, die für Gott nicht gilt. Als Schöpfer der Zeit ist Gott selbst nicht ein Teil von ihr. In Epheser 1,4–5 steht, dass die Menschen schon »vor Grundlegung der Welt« zum künftigen Heil durch

Christus berufen sind. Und in 1. Petrus 1,20 heißt es, dass Christus schon vor Erschaffung der Welt zum Erlöser bestimmt ist. Ich entdecke hier den Grundgedanken des Anthropischen Prinzips, das hier christlich erweitert und vertieft wird.

5. FASZINATION: DER KOMPLIZIERTESTE CODE DER WELT

Eigentlich können wir uns eine Schöpfung aus dem Nichts nicht vorstellen. Unser gesamtes Denken geht immer vom Vorfindlichen aus. Die Frage, was vor dem Urknall war, ist nicht möglich, weil davor nichts war, weder Zeit, noch Raum, noch Energie, noch Materie, noch Naturgesetze, noch Naturkonstanten. Einfach nichts. Es gibt kein Davor. Und dann geschieht das Unglaubliche. Aus dem absoluten Nichts heraus entsteht die Schöpfung. Ein Punkt, der kleiner war als ein Atomkern, Singularität genannt, und trotzdem war schon alles drin: Raum und Zeit, die Naturkonstanten, die gesamte Masse und alle Energie des späteren Universums.

Nicht nur eine ganze Welt wurde von einem Punkt aus gestartet, auch das menschliche Leben beginnt von einem Punkt aus, nämlich von einer winzigen Zelle. Dort befindet sich im Zellkern ein exakter Bauplan, der in jeder Zelle des Organismus als lineare Abfolge kleiner molekularer Baueinheiten – den sogenannten Basen – codiert vorliegt. Dieser genetische Code enthält auf der materiellen Basis von DNA die gesamte Erbinformation eines Menschen. Sie steuert die Entwicklung, das Wachstum, den Stoffwechsel und viele weitere biologische Prozesse. Jede unserer 100 Milliarden Nervenzellen, jede unserer sieben Millionen Sehzellen, jeder unserer 600 Muskeln ist durch die DNA programmiert. In einer einzigen Zelle ist alles angelegt, was es braucht, ein Mensch zu werden. Sieben Jahre später sitzt er in der Schule, und zwanzig Jahre danach hat er einen Partner und gibt seine Erbinformation weiter. Die beiden schlafen miteinander und über eine Million Spermien begeben sich auf die Jagd. Ihr Ziel: eine Eizelle. Dort einzudringen ist deren sehnlichstes Verlangen. Das sportlichste Spermium erreicht sein Ziel. Es folgt die grandiose Befruchtung. Der Zellkern des männlichen Spermiums und der Zellkern der weiblichen Eizelle bewegen sich aufeinander zu, lassen alle Hüllen fallen, und ihre Chromosomen formen sich zu 23 Paaren. Ein neuer Mensch entsteht, eine absolut einmalige Mixtur aus Mutter und Vater, Musikalität, Vergesslichkeit, der wippende Gang, die Vorliebe für Marzipan, die Locken auf dem Kopf, die Größe des Körpers, die lange Nase, die braunen Augen, die Organisation des Zellstoffwechsels, alles wird weitergegeben und gemixt. Kurz nach der erfolgreichen Befruchtung kommt der schnellste Kopierer der Welt in Gang. Die ungeheure Datenmenge der gesamten neu gemischten DNA wird aller 20 Minuten komplett kopiert. Man nennt das Zellteilung. Alle in einer Zelle vorhandenen Gene bilden das Genom. Erst 2021 ist das menschliche Genom vollständig entschlüsselt worden. Es besteht aus 3,2 Milliarden Basenpaaren. Der Mediziner *Christian Springer* hat sich den Spaß gemacht, einmal auszurechnen, wieviele Bände von Harry Potters »Stein der Weisen« nötig wären, um diese Datenmenge zu erfassen. Er kommt dabei auf die Zahl von 4267 Büchern. Ein Potter-Band ist 3,3 cm dick. Übereinander gestapelt würde das die Höhe von 141 m ergeben, was in etwa der Höhe des Kölner Doms entspricht. Diese gewaltige Datenmenge von 3,2 Milliarden Basenpaaren hat eine

Länge von gut zwei Metern und befindet sich zusammengefaltet im winzigen Zellkern. Die Länge der gesamten DNA in einem Menschen beträgt in etwa 150 Milliarden Kilometer, was 1000mal der Strecke von der Erde zur Sonne entspricht.

Das Genom enthält die gesamte Erbinformation des Menschen in verschlüsselter Form. Die Frage ist: Wie ist dieser intelligente Code entstanden? Woher kommt der genetische Code? Klar, von den Eltern. Das verschiebt aber das Problem lediglich um eine Generation nach vorn. Wer hat diesen Code geschrieben? Die Eltern nicht. Wer dann? Wir wissen, dass Information nicht-materiell ist und dass Materie Information übertragen kann. Das haben Spermium und Eizelle bei der Befruchtung erfolgreich realisiert. Aber wie entsteht Information? Ist der genetische Code irgendwann spontan entstanden? Kann Information überhaupt zufällig entstehen? Darüber zerbrechen sich Wissenschaftler den Kopf und gelangen je nach weltanschaulicher Vorüberzeugung zu unterschiedlichen Resultaten.

Die Anhänger eines säkularen Weltbildes sagen: Da es die Erbinformation tatsächlich gibt und da ein Schöpfergott ausgeschlossen wird, muss sie irgendwie entstanden sein. Von diesem Faktum ausgehend kommen sie zu dem Schluss, dass das Zusammenspiel von Materie und Energie zur Bildung von Information führt, die für das Leben in seiner biologischen Komplexität notwendig ist. Der kämpferische Atheist und Evolutionsbiologe aus Oxford, *Richard Dawkins*, illustriert in seinem Buch »Der blinde Uhrmacher« die intelligente Kreativität evolutionärer Prozesse mit dem Beispiel einer Automatikuhr, die sich durch zufällige Bewegungen selbst aufzieht. Blinde Zufälle produzieren etwas Sinnvolles, nämlich die Messung von Zeit.

Dieses Gedankenexperiment lässt aber außer acht, dass die gesamte Apparatur nur funktioniert, weil ein geschickter Uhrmacher dieses intelligente System geschaffen hat.

Einige Wissenschaftler sehen in den Naturgesetzen die gestalterische Fähigkeit zur Informationsbildung. Das Problem dieser These besteht darin, dass die Naturgesetze eine Nachschrift sind. Sie beschreiben die Wirklichkeit, aber sie erzeugen keine Ereignisse. Aber selbst wenn den Naturgesetzen die kreative Fähigkeit zur intelligenten Systembildung innewohnen würde, stellt sich die Frage: Was ist der Ursprung der Naturgesetze? Der dialektische Materialismus des 19. Jahrhundert hatte eine simple und einleuchtende Erklärung: Die Naturgesetze sind ewig. Sie waren schon immer da, wie auch die Materie ohne Anfang und Ende ist. Das aber ist, so die überwältigende Forschermeinung, durch die Urknall-Theorie widerlegt. Die Naturgesetze, die Naturkonstanten, Raum, Zeit und Materie sind geschaffen. Sie entstanden aus dem Nichts.

Ein weiterer Lösungsversuch, um die Entstehung von Information aus lebloser Materie zu erklären, besteht darin, den Materiebegriff zu verändern. Schließlich muss der Hang zu intelligenter Systembildung irgendwo herkommen. Materie ist demnach nicht mehr einfach tot und leblos. Sie wird nun selbst zur planenden und schaffenden Instanz. Sie besitzt aus sich heraus die kreative Kapazität, sich zu intelligenten, komplexen Bioorganismen zu organisieren. Diese Grundannahme hat sich tief in das populäre Denken eingenistet und findet seinen volkstümlichen Ausdruck in Sätzen, die sich bei Biologielehrern und anderen Welterklärern großer Beliebtheit erfreuen: »Das hat die Natur so eingerichtet«, »Da hat sich die Natur etwas dabei gedacht«. Die Natur bzw. die Materie kann hier etwas, das eigentlich nur Gott und der Mensch kann: denken und sinnvolle Dinge planen und schaffen. Mit anderen Worten: Die Materie bekommt hierbei eine religiöse Dimension und Dignität. Die Entstehung der DNA ist möglich, weil die Natur kreativ ist. Gott als uns unendlich überlegene kreative und machtvolle Intelligenz wird ersetzt durch eine intelligente, wollende und kreative Materie. Im Grunde ist das Pantheismus. Diese über 2000 Jahre alte Lehre besagt, dass Gott und Materie identisch sind. Gott geht sozusagen in der Materie auf. Mit anderen Worten: Der atheistische Glaube an die kreative Kraft der Natur ist eine säkulare Variante des Pantheismus. Gott wird entpersonalisiert und als Materie gedacht. Diese bringt nun all die wunderbaren Dinge fertig, welche religiöse Leute Gott zuschreiben. Die Frage, die sich mir stellt: Ist es logischer und einfacher, entweder an eine zufällige Organisierung von Materie zu glauben oder an einen intelligenten Schöpfer? Bedeutet der Glaube an die kreative Potenz der Materie nicht ein großes und blindes Vertrauen in die Macht der Natur, die es irgendwie hinbekommen hat, dass hochkomplizierte, schlaue Systeme entstanden?

Leblose Materie hat keine inhärente Fähigkeit, Leben zu erzeugen. Leben entsteht aus einer Kombination komplexer chemischer Prozesse und Strukturen, die als biologische Systeme bezeichnet werden. Diese biologischen Systeme basieren auf der Organisation und Interaktion von Molekülen, die durch spezifische genetische Informationen gesteuert werden. Es bleibt das große Rätsel, woher diese Information kommt. Wie war deren Entstehung möglich? Letztlich geht es um die Frage, ob kodierte Information zufällig und ohne intelligente Quelle entstehen kann. Hat jede kodierte Information einen geistigen Urheber und Absender? Ist leblose Materie in der Lage, kodierte Information zu erzeugen? Wissenschaftler mit einem materialistischen, immanent-kausalen Weltbild haben hier ein Problem, weil die zufällige Entstehung von kodierter Information nirgendwo belegbar ist. Intelligente, dazu noch hochkomplexe Organisationssysteme, wie wir sie en masse in der Natur vorfinden, entstehen nicht einfach so. Sie weisen hin auf einen intelligenten Urheber. Zur Bildung von intelligenten Biosystemen genügt nicht das alleinige Zusammenwirken von Energie, Materie und Zeit. Es braucht einen Bauplan (Information), zweckgerichteten Einsatz von Energie und intelligent gestaltete Materie, diese drei. Ohne die Zufuhr von Information können sich keine informationsreichen Strukturen entwickeln, die für das biologische Leben die Voraussetzung sind. Die Existenz komplexer und spezifischer Information benötigt eine wollende, schaffende, intelligente Quelle. Der Physiker, Biochemiker und Mitbegründer der Mikrobiologie *Louis Pasteur* hat im 19. Jahrhundert einen Grundsatz aufgestellt, der nach wie vor nicht widerlegt ist: Omne vivum ex vivo (Jedes Leben kommt von Leben). Die DNA als Produkt zufälliger Organisierung von Materie zu erklären, nicht aber als ein wollendes Handeln eines allintelligenten Kreators, erscheint als ein Akt, der vor allem einem weltanschaulichen Setting folgt. Dass dieser unglaublich intelligente und superkomplexe Bauplan, geschrieben als komplizierte chemische Codierung, sich irgendwie von selbst entwickelte, gehört wohl eher in den Bereich wissenschaftlicher Spekulation, inspiriert von einem quasi-religiösen Glauben an die Kreativität lebloser Materie und ihrer Gesetze. An das schöpferische Wirken von Zufällen zu glauben im Angesicht dieser herrlichen Welt mit ihren Wunderwerken von

Lebensformen, ist für mich ein viel größerer und mirakulöserer Glaube als der Glaube an einen Schöpfer.

Ich habe dieses Kapitel über die Faszination menschlicher Erbinformation mit einem befreundeten Informatiker durchdiskutiert. Er arbeitet im Bereich Künstlicher Intelligenz (KI). Er wies mich auf den möglichen Einwand hin, dass bei KI intelligente Information durch die Arbeit lebloser Materie (Computer) entsteht. Künstliche Intelligenz überträgt wesentliche Aspekte menschlicher Intelligenz auf die Maschine bzw. den Computer, um Aufgaben auszuführen, die normalerweise menschliche Intelligenz erfordern würden. Dazu gehören Problemlösung, Spracherkennung, Lernen, Planung und Entscheidungsfindung. KI-Systeme verwenden Algorithmen und Daten, um Muster zu erkennen, Schlussfolgerungen zu ziehen und selbstständig zu lernen oder sich anzupassen. KI ist eine von Menschen geschaffene Technologie, die auf Algorithmen, Daten und Computerhardware basiert. Sie wird von Forschern und Experten aus verschiedenen Bereichen wie Informatik, Mathematik, kognitiver Psychologie, Musik etc. programmiert. Der Urheber von KI ist eine intelligente, wollende, biologische Quelle, nämlich der kreative Mensch. Er hat in KI die Möglichkeit des maschinellen Lernens angelegt, womit KI sogar zu einer gewissen Kreativität befähigt ist, freilich im Rahmen der vom Menschen programmierten Parameter der zugrunde liegenden Algorithmen. Im Grunde genommen praktizieren Menschen und übertragen auf Apparate das, was ihnen von Gott gegeben wurde: schöpferische Intelligenz.

6. FASZINATION: EINE KOMMUNIKATIONS-OFFENSIVE

Nach einem warmen Sommertag in den Österreichischen Alpen. Neben der Berghütte schmiegt sich eine wunderschöne Almwiese an den Berg. Ich kenne den Wirt und frage ihn, ob ich draußen auf der Wiese im Freien übernachten kann? Er hat nichts dagegen. Es ist 22 Uhr. Eine laue Sommernacht. Ich liege auf 2300 Meter Höhe in meinem Schlafsack auf der Isomatte. Es ist dunkel. Über mir wölbt sich die Milchstraße, die wie ein leuchtendes Nebelband den Himmel überspannt. Mir stockt der Atem vor dieser überwältigenden Pracht. Ich komme mir ganz klein vor. Unsere Galaxie, sie ist gigantisch groß. 200 Milliarden Sonnen leuchten in ihr. Es ist unglaublich. Wir rotieren mit einer Geschwindigkeit von 800.000 km/h um das Zentrum der Milchstraße. Jede Sekunde legen wir 222 km zurück. Wir brauchen 225 Millionen Jahre für eine Umrundung. Ich habe die Zahlen im Kopf, weil sie mich faszinieren. Meine Augen suchen den Andromedanebel. Er befindet sich auf 5 Uhr unterhalb von Kassiopeia, dem Himmels-W. Es ist die uns am nächsten liegende Spiralgalaxie. Aber was ich da sehe, ist 2,5 Millionen Jahre alt. So lange braucht das Licht von der Andromeda-Galaxie bis zu uns, obwohl es mit rund 300.000 km in der Sekunde nicht gerade langsam ist. Kein Mensch weiß, wie es heute da aussieht. Andromeda ist die einzige Galaxie, die wir mit bloßem Auge sehen können. Dabei gibt es im gesamten Universum schätzungsweise über eine Billion Galaxien. Die genaue Zahl weiß kein Mensch. Nur 10 Prozent aller Galaxien liegen überhaupt in dem Bereich, den wir mit Hochleistungsteleskopen sehen können. Jede Galaxie besteht aus Milliarden Sonnen.

Da liege ich also auf der Wiese und fliege mit meiner süßen, paradiesischen Erde durch ein kaltes, unfreundliches, lebensfeindliches, aber wunderschönes Universum. Mir wird schwindelig, wenn ich seine unermessliche Größe bedenke. Mindestens 100 Milliarden Jahre braucht das Licht von einem Ende des Universums zum anderen. Im Angesicht dieser unvorstellbaren Dimensionen sind wir ein Nichts. Unsere traumhaft schöne blaue Erde ist nichts weiter als ein winziges, verlorenes Etwas irgendwo in den endlosen Tiefen des Alls. Sogar unsere riesige Milchstraße ist nur ein winziger Punkt. Und der Mensch? Ein unbedeutendes Zufallsprodukt in einem sinnleeren und kalten Universum? Im Angesicht seiner unvorstellbaren Dimensionen wird alles absolut bedeutungslos. Der Nobelpreisträger *Jacques Monod* schreibt in »Zufall und Notwendigkeit«:

> *»Der Mensch muss endlich aus seinem tausendjährigen Traum erwachen und seine totale Verlassenheit erkennen. Er weiß nun, dass er seinen Platz wie ein Zigeuner am Rande des Universums hat, das für seine Musik taub ist und gleichgültig gegen seine Hoffnungen, Leiden oder Verbrechen.«*

Dem Universum ist es egal, ob wir Aidswaisen helfen, Verbrechen begehen, den Regenwald retten, einen Nobelpreis bekommen, andere Menschen in die Luft sprengen, eine Sinfonie komponieren. Das Universum würde es nicht einmal merken, wenn die Menschheit aufhört zu existieren, ja wenn unsere Galaxie samt unserem Sonnensystem verschwindet. In ungefähr 5 Milliarden Jahren geht der Sonne der Brennstoff aus. Sie wird sich aufblähen, ihre Planeten verschlingen, ehe sie als weißer Zwerg endet. Zur ungefähr gleichen Zeit kollidiert unsere Galaxie mit der Andromeda-Galaxie. Auf jeden Fall wird es irgendwann weder Erde noch Sonnensystem geben, und niemand wird davon Notiz nehmen.

Hier oben in den Bergen der Alpen, wo kein Streulicht stört und die Luft dünn wird, leuchten die Sterne mit einer unglaublichen Intensität. Ich habe das Gefühl, durch die Milchstraße zu driften. Wer hat sich das alles erdacht, wer hat es gemacht? Ich denke an den Beter von Psalm 8 in der Bibel. Es heißt, dass David ihn gedichtet hat. Ich stelle mir vor, wie er des Nachts bei den Schafen wacht, wie ihn die Schönheit des Himmels packt und er über Gott und die Welt ins Fragen kommt:

> *»Wenn ich den Himmel betrachte, das Werk deiner Hände, – den Mond und die Sterne, die du an ihren Platz gestellt hast –: Was ist da schon der Mensch, dass du an ihn denkst? Wie klein und unbedeutend ist er, und doch kümmerst du dich um ihn. Du hast ihn nur wenig geringer gemacht als die Engel, ja, mit Ruhm und Ehre hast du ihn gekrönt. Du hast ihm den Auftrag gegeben, über deine Geschöpfe zu herrschen. Alles hast du ihm zu Füßen gelegt.« (Psalm 8,4–7)*

Wie ich da so in meinem Schlafsack liege, durch die Milchstraße gleite und die Psalmverse rezitiere (ich kann sie auswendig), da ergreift mich eine unaussprechliche Freude, eine warme Gewissheit. Mein Herz ist randvoll mit Faszination, und meine Seele jubelt: In den endlosen Weiten des Weltalls, in denen wir wie nichts sind, sieht mich Gott. Der Allgewaltige, Ewige, Unermessliche, Allintelligente, der Schöpfer all dessen, was es gibt, er sieht mich, schaut mich an, blickt in mein Herz, ruft mich beim Namen. Ich bin nicht verlassen. Ich bin gefunden, ewig gefunden. Mein Finder ist der, der das gewaltige Universum ins Dasein rief.

Wie können wir etwas über diesen Gott wissen? Er ist nicht Teil dieser Welt. Wir haben eine Ahnung, dass es Gott gibt. Mehr nicht. Wir wissen nicht: ist er gut? Ist er böse? Ein Menschenfreund oder ein Menschenhasser? Wir haben uns viele Geschichten ausgedacht, wie diese Götter sein könnten. Jede Kultur hat ihre Urmythen, die mit Namen verknüpft sind wie Zeus, Manitu, Minerva, Donar, Huitzilopochtli, Allah. Wer ist der, der Himmel und Erde gemacht hat? Und wie können wir uns dem nahen, »der allein Unsterblichkeit hat, der da wohnt in einem Licht, zu dem niemand kommen kann, den kein Mensch je sah noch sehen kann« (1. Timotheus 6,16)? Wir können von uns aus nicht zu Gott kommen. Wer sind wir und wer ist ER? Der Unterschied ist unendlich, der Abstand ewig.

Aber dann geschah von Gottes Seite etwas, das alles Vorstellbare übersteigt. Eine alles überbietende Faszination! Gott startet eine *Kommunikationsoffensive*, eine unfassbare Aktion der Kontaktaufnahme. Sie hat einen Namen, und sie wird groß gefeiert jedes Jahr: *Weihnachten*. Der ewige Gott kommt zu uns. Er wird einer von uns. Er schickt seine Personalität, seine Göttlichkeit und Liebe als Mensch zu uns. Sein Name: Jesus. Er wird am Ostrand des römischen Reiches von einer jüdischen Jungfrau geboren.

Er kommt in einem Stall zur Welt, in einer verachteten Gegend, als Angehöriger eines verachteten Volkes. In Rom herrscht Kaiser Augustus über ein riesiges Imperium. Im sogenannten Christushymnus der ersten Christen, den Paulus in der Bibel zitiert, heißt es: »Er, der in allem Gott gleich war, hielt nicht selbstsüchtig daran fest, wie Gott zu sein. Nein, er verzichtete darauf und wurde einem Sklaven gleich. Er wurde als Mensch geboren und war in allem ein Mensch wie wir« (Philipper 2,6–7). Gottes Liebe und Sehnsucht verbanden sich in einem übernatürlichen Schöpfungsakt mit der Eizelle der Maria. Jesus entstand, ein neuer Mensch, der beides ist: Mensch und Gott. Er ist ein Mensch wie wir. Er weiß, was Hunger und Durst ist, er kennt Schmerzen. Die Not dieser Welt berührt seine Seele. Er ist einer von uns. Gleichzeitig ist er Gott. Gottes Sohn – das heißt, dass Gott in diesem Menschen wirklich zu uns gekommen ist. Seine Botschaft? Gott liebt euch. Ihr seid kein Zufall, sondern gewollt. Gott will, dass ihr ihn erkennt und seine Kinder werdet. Das hat Jesus gelehrt und konsequent gelebt, wenn er die Kranken heilte, das Kommen des Reiches Gottes verkündigte, die Blinden sehen machte, schuldig Gewordenen Gottes Vergebung zusprach, eine Ehebrecherin vor der Steinigung rettete, mit allerlei fragwürdigen Leuten Partys feierte und ihnen Geschichten von der sehnsüchtigen Liebe Gottes erzählte. Und auch sein Sterben war ein Akt der Befreiung, eine Tat solidarischer Liebe, damit wir uns mit Gott versöhnen und seine Freunde werden können. Darum wird auch die Geburt des Erlösers großartig gefeiert und als Beginn einer neuen Zeit und Zeitrechnung begangen. *Alfons von Liguori*, ein berühmter Ordensgründer, Bischof und Kirchenlehrer des

18. Jahrhundert, hat einen wunderbaren Text verfasst über das Kommen von Jesus:

> *»Mein Jesus, höchster und wahrer Gott, was zog dich herab vom Himmel, um in einen kalten Stall geboren zu werden? Was verführte dich, den Schoß deines Vaters zu verlassen und dich in eine harte Krippe zu legen? Was brachte dich vom Thron über den Sternen in armseliges Stroh? Was führte dich aus der Mitte der Engelschöre in die Mitte zweier Tiere? Du, der du die Engel mit heiligem Feuer entflammst, zitterst nun vor Kälte. Du, der du die Sterne in Bewegung versetzt, kannst dich nun nicht bewegen, ohne getragen zu werden. Du, der Menschen und Tieren Nahrung gibt, bedarfst nun der Muttermilch, um nicht zu verhungern. Du, der die Freude des Himmels ist, weinst in deinem Leid. Sag, wer brachte dich hinab in solches Elend? Die Liebe tat es!«*

James Irwin war der erste Mensch, der bei der Mission von Apollo 15 im Jahre 1971 mit einem Auto auf dem Mond herumfuhr. Er hatte während seines Aufenthaltes auf dem Erdtrabanten eine außerordentliche Erfahrung der Nähe Gottes. Dieses Erlebnis veränderte sein ganzes Leben. Als er wieder heil zurück auf der Erde war, prägte er einen Satz, der durch die Medien ging: *»Der größte Tag in der Geschichte der Menschheit war nicht, als der erste Mensch den Mond betrat, sondern als Gottes Sohn auf die Erde kam.«* Später sagte er in einem Vortrag: *»Gott hat sich entschlossen, seinen Sohn Jesus Christus auf diesen blauen Planeten zu schicken. Jesus hat den Weg zu Gott frei gemacht, und durch ihn können wir zu Gott finden.«*

7. FASZINATION: DER FASZINIERENDSTE MENSCH ALLER ZEITEN

Jesus von Nazareth, er war der außergewöhnlichste Mensch, der je über diese Erde ging. Aber warum? Von den einen als der verheißene Messias gefeiert, von den anderen als Zerstörer von Religion und Tradition gehasst. Von den einen zum Sohn Gottes hochgejubelt, von den anderen als Gotteslästerer abgelehnt und bekämpft. Von den einen als der Gerechte verehrt, von den anderen als Sünder verachtet. Er hat nicht eine Zeile hinterlassen, aber über keinen anderen Menschen sind so viele Bücher und Lieder geschrieben worden. Er hat keinen einzigen Krieg geführt, aber er hat mehr Gegner überwunden als jeder andere. Er war kein Arzt, dennoch bezeugen mehr Menschen, von ihm geheilt zu sein, als durch sonst irgendwen. Er hat keine Schule gegründet, aber er hat mehr Schüler als jeder andere. Er war kein Psychologe, aber er hat mehr seelisch kaputte Menschen wiederhergestellt als irgendwer sonst. Kein Mensch hatte jemals so viel Einfluss wie Jesus, obgleich er nur drei Jahre wirkte und als Verbrecher schmachvoll hingerichtet wurde.

HISTORISCHE PERSON ODER MYTHOS?

Gab es Jesus überhaupt? Oder ist er eine Fiktion, eine fromme Erfindung? Dass Jesus tatsächlich gelebt hat, gilt als gesicherte Erkenntnis der kritischen Geschichtsforschung. Das bezeugen nicht nur die Berichte über ihn, die sogenannten 4 Evangelien. Sie wurden in der Zeit zwischen 60 und 90 n. Chr. geschrieben und verarbeiten viele Augenzeugenberichte, die viele historisch überprüfbare Details enthalten. Daneben gibt es die Briefe von Paulus, einem früheren Gegner und Verfolger des Christentums, der seine Schreiben zwischen 50 und 64 n. Chr. verfasste, und weitere Briefe verschiedener Autoren aus dem Umfeld der frühen christlichen Gemeinde. Auch eine Reihe von außerbiblischen Quellen berichten über Jesus, z. B. der jüdische Geschichtsschreiber Flavius Josephus oder die römischen Historiker Tacitus, Plinius und Sueton. Die biblischen Berichte sind uns überliefert in zahlreichen sehr alten Handschriften und Papyrusfragmenten, die bis ins 1. Jahrhundert nach Christus zurückreichen. Damit sind die Geschichten um Jesus die mit Abstand am besten bezeugten Ereignisse der Antike. Die frühesten Berichte über das Leben von Alexander dem Großen zum Beispiel sind erst 500 Jahre nach seinem Tod verfasst worden. Das Leben von Jesus ist wesentlich besser bezeugt als das Leben von Cäsar oder Alexander dem Großen. Zu leugnen, dass Jesus wirklich gelebt hat, ist angesichts dieser Faktenlage völlig absurd. Eher kann man leugnen, dass Cäsar oder Alexander der Große jemals existiert haben.

SEIN LEBEN – KURZ, INTENSIV, KONSEQUENT, AUTHENTISCH

Knapp vor dem Jahr null wird er geboren. Als Geburtsort wird in der Bibel Bethlehem genannt, ein unbedeutendes Dorf in Israel, später von den Römern Palästina genannt.

Seine Eltern, Maria und ihr Mann Josef, der Ziehvater Jesu, sind eigentlich auf der Durchreise wegen einer Volkszählaktion des Kaisers Augustus. Das Paar findet kein Hotelzimmer. So bleibt den beiden nur der Stall, in dem Jesus nachts zur Welt kommt. Er wächst auf in Nazareth, einem verschlafenen Dorf im Norden des Heiligen Landes. Bei seinem Vater erlernt er den Beruf des Bauhandwerkers und baut Häuser und Möbel. Mit etwa 30 Jahren verlässt er sein Elternhaus, um seiner inneren Berufung zu folgen. Er beruft Männer als seine Mitarbeiter. Mit ihnen zieht er drei Jahre lang durchs Land, spricht von der Liebe Gottes zu den Menschen, die ihn umlagern wie einen Rockstar, betet für die Kranken und wirkt viele Wunder. Auch Frauen gehören zu seinen Nachfolgern. Die religiösen Führer fühlen sich durch sein Leben, seine Botschaft und seine Wunder herausgefordert und beschließen seinen Tod. Auf einem Fest greifen sie zu. In einem Blitzprozess wird er zum Tode verurteilt. Der römische Stadthalter Pontius Pilatus bestätigt feige das Urteil. Jesus wird verspottet und misshandelt und morgens gegen neun Uhr zwischen zwei Verbrechern an ein Kreuz genagelt. Und während er stirbt, würfelt das Hinrichtungskommando um das Einzige, was er besitzt: sein wertvolles Obergewand. Nach sechs Stunden ist er tot. Wer war dieser?

MEHR ALS EIN STAR DER ANTIKE

Wo er aufkreuzt, da strömen die Massen. Sie wollen ihn hören. Gebannt hängen sie an seinen Lippen. Seine Predigten sind mitreißend und einfach. Jeder kann sie verstehen. Er verwendet Beispiele aus dem Alltagsleben der Menschen. Er verkündigt ihnen einen Gott, der die Menschen liebt und ihnen ihre Schuld vergeben will. Er spricht vom Reich Gottes, das dort ist, wo Menschen Gott an die erste Stelle ihres Lebens setzen. Seine Bilder und Vergleiche gehören zum Schönsten, was es in der Weltliteratur gibt. Das Gleichnis vom verlorenen Sohn (Lukas 15) oder die Geschichte vom barmherzigen Samariter (Lukas 10) sind an gedanklicher Tiefe und sprachlicher Schönheit nicht zu übertreffen. Viele seiner markigen Sprüche sind längst feste Redewendungen geworden: »sein Kreuz auf sich nehmen«, »sein Licht nicht unter den Scheffel stellen«, »der Geist ist willig, aber das Fleisch ist schwach«, um nur einige Beispiele zu nennen. War er ein Dichter, ein Star der Antike? Auch! Aber er ist viel mehr!

MEHR ALS EIN WUNDERTÄTER

Er betet für Menschen. Sie werden gesund. Gelähmte trägt man zu ihm, und sie gehen auf eigenen Füßen fröhlich wieder weg. Blinden schenkt er das Augenlicht. Aussätzige macht er rein. Verkrüppelte erlangen Unversehrtheit. Tausende erfahren durch ihn körperliche und seelische Heilung ohne Zuhilfenahme medizinischer Methoden. Sogar Tote soll er wieder lebendig gemacht haben. Die Evangelien berichten von einem Jesus, der in der Kraft Gottes wirkt. Die Wunder bekräftigen und illustrieren seine Botschaft, und sie bestätigen, wer Jesus ist: der Gesandte aus Gottes Dimension, damit Menschen zurückfinden können zur Liebe ihres Schöpfers. Aber ist er ein Wundertäter? Das Auftreten von Wundertätern ist ein bewiesenes Phänomen zu allen Zeiten und in allen Kulturen. Jesus ist mehr, viel mehr als ein Wundertäter!

EINER, DER MENSCHEN MAG

Jesus liebt die Leute. Ständig finden wir ihn in Gemeinschaft mit unterschiedlichsten Menschen, vom Angehörigen der Jerusalemer Oberschicht bis hin zu Armen und Verachteten der Gesellschaft. Man lädt ihn gern ein, und er lässt sich gern einladen. Bei Betrügern, religiösen Führern, Huren, Handwerkern, Pfarrern, Zuhältern, Zöllnern (das waren die verhassten Kollaborateure mit den Römern) ist er ein gern gesehener Gast. Andauernd sieht man ihn mit allerlei ehrenwerten und unehrenwerten Leuten feiern, essen, trinken und reden. Gespannt hören sie seinen Geschichten zu. Sein Lieblingsthema: Gottes sehnsüchtige Liebe zu den Verlorenen. Bei einer Hochzeit, auf der der Wein ausgegangen ist – eine schreckliche Blamage für die Brautleute –, hilft er schon mal mit einem üppigen Weinwunder aus. Sein Mitgefühl mit leidenden Menschen, mit den Geplagten, Trauernden und Kranken ist echt und tief. Ihre Not berührt sein Herz. Manchmal sind die Jünger völlig genervt von seiner Güte und Freundlichkeit, wenn er bis zur Erschöpfung mit Menschen redet und betet. Oft versuchen sie, ihn abzuschirmen, wenn Blinde, Aussätzige, Leidende allzu heftig seine Zuwendung verlangen. Jesus tut gut! Die Leute spüren: Er mag uns. Aber er war mehr als ein Menschenfreund!

DER KÖNIG DER HERZEN

Jesus spricht vom Königreich Gottes. Er ist der König dieses Reiches. Aber er sagt: »Mein Reich ist nicht von dieser Welt.« Er will kein weltlicher Herrscher sein. Er führt keine Kriege wie Mohammed, um die Völker zu unterwerfen. Er ruft: »Kommt her zu mir alle, die ihr mühselig und beladen seid! Ich will euch erquicken. Nehmt auf euch mein Joch und lernt von mir, denn ich bin sanftmütig und von Herzen demütig.« Er ist der König der Herzen. Wo man ihm nachfolgt, dort bricht seine Herrschaft an. Wo man ihn als König anerkennt, dort kommt er, um sein Reich aufzurichten. Wer seine Knie vor ihm beugt, der empfängt seine Regentschaft und erfährt, dass das Reich Gottes im eigenen Leben anbricht. In einem Gespräch mit seinen Jüngern benennt er die Spielregeln für sein Reich: »Wer unter euch groß sein will, der soll allen anderen dienen, und wer unter euch der Erste sein will, der sei der Knecht von allen.« Und er fügt hinzu: »Ich bin unter euch wie ein Diener.« Obgleich er der König des Reiches Gottes ist, lebt er wie ein Diener aller. Obgleich er Macht hat zu herrschen, wirbt er mit seinem Leben demütig um die Herzen von Menschen. Aber er ist mehr als ein König.

EIN REVOLUTIONÄR?

Jesus ist kein Softie, eher ein Bürgerschreck. Hart und schonungslos kritisiert er die Missstände seiner Zeit. Einmal wirft er im Eingangsbereich des Tempels die Tische der Geldwechsler um, verschüttet das Geld der Händler und treibt sie wütend, eine Peitsche aus Stricken schwingend, aus dem Tempel mit den Worten: »Gott sagt: Dieses Haus soll ein Ort des Gebetes sein, ihr aber habt eine Räuberhöhle daraus gemacht!« Er kann argumentieren wie kein anderer. Jesus nennt Unrecht beim Namen, brandmarkt Ausbeutung und Heuchelei. Den Reichen ruft er zu: »Eher kommt ein Kamel durch ein Nadelöhr als ein Reicher in Gottes Reich.« Den frömmsten Männern seines Volkes, den Pharisäern und Schriftgelehrten, sagt er unangenehme Wahrheiten. Er scheut keine Konfrontation mit den Mächtigen. Er wickelt seine Botschaft nicht in Seidenpapier, damit sie bei den Menschen gut ankommt und niemanden verletzt. Er gebraucht Worte, die an Härte und beißender Schärfe nicht zu übertreffen sind. Die Pharisäer vergleicht er mit »schön geschmückten Gräbern, innen voll von Knochen, Schmutz und Verwesung«. Er bewahrt sich eine innere Unabhängigkeit von allen menschlichen Autoritäten. Sogar seinen engsten Freunden, den Jüngern, sagt er harte Wahrheiten. Obgleich er eine permanente Revolution verkündigt, besteht das Ziel seiner Sendung nicht darin, die politischen Verhältnisse umzustürzen oder die Religion seiner Zeit und seines Volkes zu kritisieren. Jesus will mehr. Er ist mehr als ein Gesellschafts- und Religionskritiker! Er ist ein Revolutionär der Liebe und dennoch mehr als ein Revolutionär.

MEHR ALS EIN PROPHET

Er kann in Menschenherzen lesen. Als ihm eine Frau am Brunnen Wasser reicht, da sieht er in seinem Geist ihre verletzte Seele und die Geschichte ihrer gescheiterten Beziehungen zu Männern. Einmal ist er zu Gast bei einem Pharisäer namens Simon. Während des Essens geht plötzlich die Tür auf. Eine Hure stürzt herein und wirft sich vor Jesus nieder. Sie weint. Dicke Tränen rollen über Jesu Füße. Sie trocknet sie mit ihren Haaren. Jesus lässt es geschehen. Voller Verachtung schaut der Pharisäer zu und denkt: Wenn dieser Mann wirklich ein Prophet wäre, dann wüsste er, was das für eine Frau ist. Jesus aber erkennt die selbstgerechten Gedanken des Mannes und erzählt ihm eine Geschichte von Liebe und Dankbarkeit. Als Jesus mit seinen Jüngern nach Jerusalem kommt, da sieht er das schreckliche Schicksal der heiligen Stadt voraus, wie Tausende von Menschen hingeschlachtet und gekreuzigt werden, wie der Tempel in Flammen aufgeht und kein Stein auf dem anderen bleibt. Jesus weint und trauert über jene furchtbaren Geschehnisse, die sich 40 Jahre später ereignen sollen, als römische Truppen Jerusalem erobern und zerstören. Obwohl Jesus prophetisch begabt war wie kein anderer, so ist er doch mehr als ein Prophet.

MEHR ALS EIN BUSSPREDIGER

Von Jesus geht eine große Ernsthaftigkeit aus. Mit markigen Worten warnt er die Menschen, ihr Leben nicht selbst zu zerstören, sondern Buße zu tun und zu Gott umzukehren. Mit drastischen Bildern fordert er sie auf, ihr Leben radikal zu verändern und gegen die Sünde im eigenen Leben zu kämpfen: Er verlangt Unmögliches von seinen Zuhörern: Gott über alles zu lieben und die Mitmenschen wie sich selbst, sich niemals Sorgen zu machen, allezeit zu vergeben, mit kindlichem Glauben zu Gott zu kommen, in allen Dingen auf Gott zu vertrauen, sein Herz nicht an Besitz zu hängen, sich nicht um die Zukunft zu sorgen, die Feinde zu lieben, Gott über alle Dinge zu stellen, die Zehn Gebote zu halten. Besitz zu horten ist für Jesus Götzendienst. Stattdessen zeigt er ihnen, wie man reich werden kann – bei Gott. »Häuft keine Reichtümer an in dieser Welt! Sie verlieren schnell ihren Wert oder werden gestohlen. Sammelt euch vielmehr Reichtümer im Himmel, die nie ihren Wert verlieren und die niemand stehlen kann.« Einen reichen und frommen jungen Mann schickt er wieder weg, weil er nicht bereit ist, seinen Besitz den Armen zu geben und Jesus nachzufolgen. Jesus war der Wille seines himmlischen Vaters absolut heilig. Er wollte, dass die Menschen den Willen Gottes tun, denn nur diese kommen in Gottes Reich. Um Jesus herum finden sich viele Menschen, die ihre Sünden bereut und ein neues Leben begonnen haben. Ist Jesus ein Bußprediger? Das ist lediglich ein Teilaspekt seines Lebens. Auch Johannes der Täufer, der den Auftrag hatte, das Kommen Jesu anzukündigen, war ein großer Bußprediger. Aber Jesus ist mehr!

EIN LEBENSKÜNSTLER

Jesus ist kein Miesepeter, kein Partymuffel, kein religiöser Radikalinski, kein frömmelnder Eiferer. Er ist sympathisch, fröhlich und gesellig. Er versteht etwas von Wein und gutem Essen. Er mag Menschen, besonders Kinder. Er hat viele Freunde. Er ehrt Frauen. Man fühlt sich einfach wohl in seiner Nähe. Er versteht es, dem Leben die sonnige Seite abzugewinnen. Einige beklagen sich bei ihm, dass er und seine Jünger nicht fasten, wie es sich für gottgefällige Menschen gehört. Er entgegnet ihnen, dass die Jünger später noch genug fasten könnten. Solange er, Jesus, bei ihnen ist, ist das Leben eine Feier. Er besitzt Humor. Seine Geschichten sind hintergründig und witzig. Ein Miesmacher und Stimmungskiller wäre nicht so oft eingeladen worden! Einige Pharisäer stellen die Jünger zur Rede: »Wieso lässt sich Jesus mit so einem Gesindel ein?« Jesus antwortet: »Die Gesunden brauchen keinen Arzt, sondern die Kranken. Ich bin gekommen, die Sünder zu rufen, nicht die Gerechten.« Doch nicht bei allen findet Jesus Zustimmung. Einige hassen ihn für seine Art zu leben und nennen ihn »einen Fresser und Weinsäufer« nach dem Motto »Gleich und Gleich gesellt sich gern«. Obwohl Jesus ein Meister der Lebenskunst war, gehört er doch nicht in diese Kategorie.

MEHR ALS EIN HEILIGER

Sein Leben und seine Liebe sind echt. Jesus lebt durch und durch glaubwürdig. Es gibt nicht eine Schattenseite an seinem Wesen. Selbst der römische Prokurator Pontius Pilatus muss zugeben: »Ich finde keine Schuld an ihm.« Die Menschen um ihn herum sind von seinem Vorbild tief beeindruckt. Als er am Kreuz mit dem Tode ringt, betet er für seine Peiniger und tröstet andere. Seine Jünger spüren, dass Jesus auf eine ganz neue und innige Weise mit Gott verbunden ist, den er zärtlich »Papa« (aramäisch Abba) nennt. Oft verlässt er vor Anbruch des Morgens das Dorf und zieht sich zum Beten zurück. Tief bewegt beobachten die Jünger, wie eng er mit Gott lebt. Er kennt dessen Gedanken, vernimmt dessen Reden, besitzt dessen Kraft zu heilen. »Lehre uns beten!«, bitten die Jünger den Meister. Seine Nähe zu Gott zieht sie an und weckt eine Sehnsucht in ihnen, Gott zu suchen. Wo Jesus aufkreuzt, fassen Menschen neuen Mut. Gebundene werden frei, weil Jesus stärker ist als alle lebenszerstörenden Mächte. Menschen sind tief erschüttert, weil sie in seinem Angesicht das Angesicht Gottes erkennen. Gepackt von heiliger Ehrfurcht bereuen sie ihre Sünden und erfahren Vergebung. In Jesus begegnet ihnen der, dessen Namen sie nicht auszusprechen wagen. Ist Jesus ein Heiliger, ein Mann, den Gott dafür auserwählt hat, dass er den Menschen Gottes Charakter illustriert? Irgendwie hebt er sich ab von allen anderen großen Heiligen, Männern und Frauen, die der Himmel der Menschheit schenkte. Er ist mehr als ein Heiliger!

DER SOHN GOTTES

»Was sagen die Leute, wer ich bin?« will Jesus eines Tages wissen. Und dann wird der aktuelle Tratsch zum Thema Jesus ausgetauscht. »Was sagt *ihr* aber, wer ich bin?«, fragt Jesus weiter. Und Petrus, der immer ein bisschen schneller ist als die anderen, antwortet: »Du bist Christus, der Sohn des lebendigen Gottes!« Jesus macht ihm ein dickes Kompliment: »Du kannst dich glücklich preisen, Simon, Sohn des Jona! Denn diese Erkenntnis kommt nicht aus menschlicher Einsicht, sondern mein Vater im Himmel hat dir das offenbart.« Einmal erleben die drei engsten Freunde, wer Jesus wirklich ist. Während er auf einem Berg betet, wird er vor ihren Augen in eine Lichtgestalt verwandelt, und eine Stimme »geschah« vom Himmel: »Das ist mein lieber Sohn, an dem ich Wohlgefallen habe; den sollt ihr hören!« Die Jünger sehen seine Herrlichkeit und hören den himmlischen Kommentar. Sie sind zutiefst schockiert und beunruhigt. Sie beginnen zu verstehen, dass Jesus von einem unglaublichen göttlichen Geheimnis umhüllt ist. Nein, mehr! Er ist dieses Geheimnis in Person! Wer es mit Jesus zu tun bekommt, der berührt den Himmel. Von Jesus, von seinem Leben geht eine Kraft aus, die nicht von dieser Welt stammt. Seine Worte sind die Worte Gottes, seine Berührungen sind die Berührungen Gottes, seine Taten sind die Taten Gottes. Jesus sagt von sich selbst, dass er mit Gott eins sei. Jesus ist ein Mann Gottes. Aber er unterscheidet sich von allen anderen Männern und Frauen Gottes. Wenn man sein Leben betrachtet, so hat man den Eindruck, dass eine göttliche Fülle und Vollkommenheit sein Leben ausmachen, die keinen Vergleich mit anderen Menschen zulassen. Jesus passt in keine Schublade. Er ist absolut einmalig. Er ist nicht einer unter anderen. Er ist auch nicht ein besonders Großer unter anderen großartigen Männern und Frauen Gottes. Er kommt von Gott. Er ist göttlicher Natur. Er ist der Sohn Gottes, die absolute Nummer eins!

ZU ZEIGEN, WER GOTT IST

Eine der tiefgründigsten Fragen der Menschheit lautet: Wer ist Gott? Daraus folgen weitere Fragen: Wenn es Gott gibt, wie ist er dann? Ist Gott gut? Hat er Interesse an mir? Jesus sagt: »Wer mich sieht, sieht den Vater.« An Jesus können wir sehen, wie Gott ist und was er tut, um uns zu gewinnen. Gott wirbt durch Jesus um unsere Aufmerksamkeit. Gott zeigt uns seinen Charakter. Der ferne, unbekannte Gott hat ein Angesicht bekommen. Jesus illustriert mit seinem Leben Gottes Wesen. Wer Gott anschauen will, muss Jesus anschauen. Wer hören will, was Gott zu sagen hat, muss auf Jesus hören.

ZU SUCHEN UND ZU RETTEN, WAS VERLOREN IST

Jesus zeigt, was Gottes sehnlichstes Verlangen ist: die Gemeinschaft mit seinen Menschen. Der Schöpfer will die zerstörte Beziehung zu seinen Geschöpfen wiederherstellen. Gott selber startet durch den Menschen Jesus eine gigantische Rückholaktion. Er geht durch Jesus den Menschen hinterher, um sie einzuladen, in die Gemeinschaft mit dem Schöpfer zu kommen. Jesus sagt über sich: »Ich bin gekommen, um zu suchen und zu retten, was verloren ist.« Verloren sind die Menschen, weil sie Gott verloren haben – aus dem Herzen, aus dem Sinn, aus dem Blick.

ZU STERBEN, UM UNS ZU ERLÖSEN

Schockierend ist sein Bekenntnis: »Ich bin gekommen, nicht um mich bedienen zu lassen, sondern um zu dienen und mein Leben zu geben als Lösegeld für alle.« Mit anderen Worten: Wir verstehen die Sendung Jesu erst wirklich, wenn wir die Bedeutung seines Sterbens verstehen. Sein Tod am Kreuz ist nicht nur ein tragisches Ende, sondern der Schlüssel zum göttlichen Geheimnis dieses Mannes und zu dem, was er für die Menschen getan hat.

8. FASZINATION: VERGEBUNG

O happy day when Jesus washed my sins away. Dieser Gospelsong jubelt die überströmende Freude heraus, wenn ein Mensch zu Gott umgekehrt ist und die Vergebung seiner Schuld erfahren hat. »Was für ein glücklicher Tag, als Jesus mir meine Sünde vergab« Es ist eine der faszinierendsten Erfahrungen im Leben vieler Menschen, dass Gott uns die Lasten unserer Verfehlungen und unseres Versagens abnimmt und die Möglichkeit eines neuen Lebens eröffnet.

Immer wieder begegnen mir Leute, die mir einreden wollen, dass man heute nicht mehr über Sünde reden kann. Ich frage mich, auf welchem Planeten leben die denn? Ich habe immer wieder mit unzähligen Menschen von jung bis alt zu tun, deren Leben fremdbestimmt ist von verschiedensten lebenszerstörenden Süchten wie Pornografie, Drogen, Alkohol, Spielsucht, Sexsucht. Andere sind tief verstrickt in Gewalt, Hass, Rechts- und Linksradikalismus, Diebstahl, Betrug, Okkultismus. Wie können sie frei werden von dem, was sie kaputt macht? Gibt es eine Möglichkeit, den Müll des Lebens zu entsorgen und alte zerstörerische Verhaltensmuster zu überwinden? Gute Ratschläge helfen wenig weiter. Auch keine frommen Tipps. Es geht um etwas viel Grundsätzlicheres; nämlich darum, dass ein Mensch in Kontakt kommt mit Jesus Christus. In ihm begegnet uns die befreiende Macht Gottes. Das ist keine abstrakte Theorie, kein theologischer Erklärungsversuch, sondern *erfahrbare* Realität. Eine Beispielgeschichte aus meinem Erleben kann das verdeutlichen.

Bei einem Seminar lernte ich eine junge Frau kennen, die mir ihre bewegende Geschichte erzählte. Wir nennen sie hier Petra. Als Studentin verliebte sie sich in einen Mann, von dem sie ungewollt schwanger wurde. Er stellte sie vor die Entscheidung: ich oder das Baby. Um die Beziehung mit ihrem Freund nicht aufs Spiel zu setzen, entschloss sich Petra zu einer Abtreibung. Trotzdem zerbrach ihre Beziehung wenig später. Die Abtreibung, die sie eigentlich gegen ihren Willen und gegen ihre Überzeugung vornehmen lassen musste, führte sie in große seelische Not. Mehrmals hatte sie einen Traum: Sie blickte in einen Kinderwagen, in dem ein totes Baby lag. Depressionen stellten sich ein, und Selbstmordgedanken begannen sie zu quälen. Petra unterzog sich einer psychiatrischen Behandlung und bekam Psychopharmaka. Eine christliche Freundin nahm sie mit in ihre lebendige Gemeinde. Petra besuchte den Glaubenskurs, der dort gerade lief. Vor dem Ende des Kurses bestand die Möglichkeit, einen Brief an Jesus zu schreiben, um darin alles zu benennen, was einen Menschen belastet. Am Abschlussabend hefteten die Teilnehmer des Glaubenskurses ihren Brief an ein Holzkreuz. Auch Petra. Danach beteten die Kursleiter mit ihr, sprachen ihr im Namen Jesu die Vergebung ihrer Schuld zu und segneten sie unter Handauflegung, dass Jesus mit seiner Liebe und Heilungskraft in ihr Leben kommt. Was sie danach erlebte, schildert Petra als eine tiefgreifende Befreiungserfahrung. »Es war, als ob eine Zentnerlast von meinen Schultern genommen wurde.« Ihre Depressionen und ihre Verzweiflung wichen einer unglaublichen

Freude. Sie gewann ihren Lebensmut und ihre Fröhlichkeit zurück. Wenn man sie heute trifft, kann man sich nicht vorstellen, was für Dunkelheiten sie durchschritten hatte. Mit einem erlösten und erleichterten Herzen fand sie zurück ins Leben durch das Kreuz Christi. Was war da geschehen? Wie war das möglich?

Der Kern des christlichen Glaubens ist die Tatsache, dass uns der Tod Jesu am Kreuz irgendwie mit Gott verbindet. Es gibt da eine Reihe von Theorien darüber, wie dieser Tod das bewirken kann. Darüber sind viele und auch großartige Bücher geschrieben worden. Wir wollen es hier dabei belassen, dass das Kreuz Jesu uns mit Gott versöhnt und eine unglaubliche Befreiung von Sünde, Verzweiflung und Zerstörung bewirkt. Millionen von Menschen erleben, dass das Kreuz Christi ein Ort ist, an dem Gott unsere Sünde und Gottesferne entsorgt und uns in Verbindung bringt mit seiner heilschaffenden Kraft. Martin Luther drückt das so aus:

> *»Die Sünde hat nur zwei Orte, wo sie ist. Entweder ist sie bei dir, dass sie dir auf dem Rücken liegt, oder sie liegt auf Christus, dem Lamm Gottes. Wenn sie dir auf dem Rücken liegt, so bist du verloren; wenn sie aber auf Christus ruhet, so bist du frei und gerettet. Nun greife zu, welches du willst!«*

Es ist nicht wichtig, dass ein Mensch wirklich versteht, was genau am Kreuz für alle Menschen geschehen ist. Aber es ist wichtig, dass er das ergreift, was Jesus für alle durch seinen Tod getan hat.

Ein Beispiel hilft mir, das zu verstehen: Im kalten Winter 2010 mit minus 15 Grad hatte ich mir durch das Sitzen im eisigen Auto (mein Sportwagen hatte keine Sitzheizung) eine Blasenentzündung zugezogen. Sehr unangenehm. Der Arzt verschrieb mir ein Antibiotikum. Ich nahm es und nach drei Tage war ich wieder völlig beschwerdefrei. Ich war glücklich und wollte wissen, wie ein Antibiotikum dieses Wunder vollbringen konnte? Ich fragte eine Medizinstudentin in meiner Kirchgemeinde. Sie erklärte es mir. Ich verstand nichts. Egal. Das Antibiotikum hat seine heilende Wirkung in meinem Leben entfaltet. Ich musste es nicht verstehen. Ich musste es nehmen. Das genügte. Das Antibiotikum musste Teil meines Lebens werden, egal ob ich seine Wirkweise verstehe. Das Kreuz Christi entfaltet seine heilende Wirkung, wenn wir es nehmen, wenn es Teil unseres Lebens wird. Glaube heißt im Christentum nicht, etwas zu vermuten oder für wahr zu halten, sondern zu ergreifen, was Gott durch Jesus für mich getan hat. Wir wissen vielleicht nicht, warum Gott diesen eigenartigen Weg wählte, uns zu vergeben. Aber jeder, der sich Jesus zuwendet, macht die Erfahrung: Gott nimmt mich an und eröffnet die Chance eines neuen Lebens. Schon zu Beginn des Christentums, also vor rund 2000 Jahren, hielten viele Menschen die Botschaft, dass Jesus für uns starb, um uns zu erlösen, für absoluten Blödsinn. Der Apostel Paulus schreibt in einem Brief, der sich in der Bibel befindet: »Dass Jesus Christus am Kreuz für uns starb, ist barer Unsinn für die Menschen, die verloren gehen. Wir aber, die wir gerettet werden, erfahren gerade durch diese Botschaft Gottes Kraft« (1. Korinther 1,18). Diese Kraft kommt nicht zu uns durch das *Be*greifen des Kreuzes, sondern durch das *Er*greifen dessen, was Jesus vollbracht hat.

Die stärkste Erfahrung der absolut beglückenden Gegenwart Gottes machen Menschen in der *Beichte*, wenn sie ihre Sünden bekennen und dann von einem Pfarrer, Priester oder einem dazu bevollmächtigten Menschen die befreienden Worte hören: »So spreche ich dich los von deinen Sünden. Im Namen des Vaters und des Sohnes und des Heiligen Geistes.« Diese Worte sind die mächtigsten Worte auf der ganzen Welt. Der allmächtige Gott, der das Universum und alles, was existiert, ins Leben rief, spricht mir zu: »Du bist frei. Du bist mein Kind. Du gehörst zu mir. Die Kraft meiner Liebe und Vergebung setzt dich frei für ein besseres Leben!« Und was Gott spricht, das geschieht, weil Er es tut! Gott eignet einem Menschen das zu, was Jesus für ihn und alle Welt am Kreuz vollbracht hat. Oft ist die Frucht eine alle Grenzen sprengende Freude im Herzen. Ich weiß, wovon ich schreibe, denn ich gehe selbst immer wieder beichten. Die Beichte gibt die wunderbare Gelegenheit, einen Schlussstrich unter all das zu ziehen, womit wir nicht klarkommen, worunter wir leiden, was uns trennt von Gott. Wir bringen unsere Lasten an das Kreuz Christi und empfangen Vergebung und die Kraft des Heiligen Geistes für einen Neuanfang. Viele haben die Erfahrung gemacht, dass sie durch die Beichte alte, zerstörerische Verhaltensmuster überwinden konnten. Oft war das ein längerer Prozess, in dem es auch Rückschläge gab. Manche haben die Beichte als einen Akt der Befreiung vom Bösen erlebt, denn »Beichte ist der stärkste Exorzismus« (Gabriele Amorth).

9. FASZINATION: DER SIEG DES LEBENS

Dass Jesus auferstanden ist, dass der Tod entmachtet wurde und dass das Leben triumphierte, ist noch mehr als der Urknall die größte Faszination, die es gibt in Zeit und Ewigkeit. Die Auferstehung Jesu ist eine Tat Gottes, die alle Grenzen – aber auch wirklich alle! – sprengt. Und darum ist sie für uns Menschen auch so anstößig, inakzeptabel, skandalös. Wir leben und denken in engen Grenzen. Unsere gesamte Existenz samt Intellekt ist umgrenzt von der uns umgebenden vergänglichen Wirklichkeit. Die Auferstehung ist eine Power-Action des Schöpfers aus der Ewigkeit, ein souveränes Eingreifen aus der unvergänglichen Wirklichkeit Gottes jenseits von Zeit und Raum. Nur wenn wir um diese Wirklichkeit wissen und sie akzeptieren, bekommen wir einen Zugang zur Realität des Auferstandenen.

DER SUPERGAU

Dass Jesus gekreuzigt wurde, war für seine Anhänger die große Katastrophe schlechthin, das absolute Desaster. Um Jesus nachzufolgen, hatten sie alles verlassen: ihre Familien, ihre Jobs, ihr bürgerliches Leben. Einige betrieben ein Fischereiunternehmen. Einer leitete eine profitable Zollstation. Sie hatten alles auf diese eine Karte Jesus gesetzt, und die hatte sich als Lusche erwiesen. Jesus, der Inbegriff von Hoffnung und Zukunft, wird als Opfer eines Justizmordes brutal gekreuzigt. Sie hofften, er würde die römischen Besatzer aus dem Lande jagen und das Großreich Israel wiedererrichten. Stattdessen stirbt er qualvoll und in Schande einen hässlichen Verbrechertod, hingerichtet als Aufrührer und Gotteslästerer. Für die Jünger brach eine Welt zusammen. Wer so endet wie Jesus, der kann nicht der verheißene Messias sein. Gott hatte keine Engel gesandt, um Jesus vom Kreuz zu holen und ihn der Welt als Messias zu präsentieren. Nun war offensichtlich geworden, was Jesus in Wirklichkeit für einer war: ein religiöser Hochstapler. Was für eine maßlose Enttäuschung! Sie waren einem falschen Messias auf den Leim gegangen. Ihr religiöser Trip endete als ein einziges Fiasko. Nun standen sie da als elendiglich Verführte. Ein Spott für alle Welt. Wie sollte es jetzt weitergehen? »Da verließen ihn alle und flohen«, berichtet das Markusevangelium lakonisch. Ihnen blieb nichts anderes übrig, als sich still und leise davonzustehlen und in der Anonymität unterzutauchen. The ministry is over. Mit Jesus war auch jede Hoffnung gestorben und ebenso der Glaube an Jesus den Messias Gottes.

DIE GRÖSSTE ÜBERRASCHUNG ALLER ZEITEN

Aber was ist *das*: Wenige Tage später sieht man dieselben Jünger, die eben noch verzweifelt alles hingeworfen hatten, wie sie in Jerusalem unerschrocken verkündigen, dass Jesus lebt. Noch gestern wollten sie sich im Grau der Geschichte verdrücken. Wenig später bezeugen sie öffentlich an den Plätzen und im Jerusalemer Gericht die Auferstehung Jesu. Vorher niedergeschlagen, orientierungslos, verängstigt, enttäuscht, fertig, am Ende. Danach fröhlich, selbstbewusst, positiv, zukunftsorientiert, leidenschaftlich.

Was ist dazwischen geschehen? Gestern noch versanken sie in totaler Verzweiflung. Einige Tage danach erzählen sie mit einer unglaublichen Kühnheit und Überzeugungskraft von Jesus, dem Lebendigen, der den Tod überwand. Sie sind bereit, für diese Überzeugung in den Tod zu gehen. Und es dauert nur ein paar Wochen, da gibt es den ersten Toten, der für seinen Glauben an Jesus, den Auferstandenen, gesteinigt wurde: Stephanus. Was hat die Anhänger Jesu so verwandelt? Was war geschehen, das aus frustrierten, von Angst und Mutlosigkeit gebeutelten Menschen todesmutige und strahlende Männer und Frauen machte? Was ist passiert in dieser vermaledeiten Lücke zwischen dem Tod Jesu und der Verkündigung des Lebens, zwischen der Flucht der verzweifelten Jünger und ihrem Auftreten wenig später als furchtlose Zeugen der Auferstehung? Dass etwas geschehen sein *muss*, steht historisch fest. Aber was? Die Quellen berichten, den Jüngern sei der auferstandene Jesus begegnet. Er spricht und isst mit ihnen. Ist das glaubwürdig? Rein wissenschaftlich ist es natürlich unmöglich, dass ein Toter wieder lebendig wird. Und dennoch, dass Jesus durch eine einmalige Tat Gottes in ein neues Leben auferstand, ist die einzige sinnvolle Erklärung. Skeptische Historiker und Theologen haben eine Reihe von Theorien entwickelt, um das Phänomen der positiv verwandelten Jünger ohne die Auferstehung zu erklären: angefangen von der objektiven und subjektiven Visionshypothese der halluzinierenden Jünger über die Scheintodtheorie und die Leichenklauhypothese bis hin zur Alles-nur-gefaked-Theorie. (Die Auseinandersetzung mit diesen Erklärungsversuchen findet sich im 12. Kapitel meines Buches »Warum ich kein Atheist bin«) Alle diese Theorien gelten als gescheitert. Sie sind nicht glaubwürdig, an den Haaren herbeigezogen, oder sie ergeben keinen Sinn. Die einzige vernünftige Erklärung ist die, welche die Bibel selbst gibt: Er ist auferstanden von den Toten und vielen Menschen begegnet.

MEHR ALS EIN COMEBACK

Was in der Nacht von Samstag auf Sonntag geschah, ist eine einmalige Schöpfungstat Gottes, die Verwandlung eines Menschen in ein neues Leben in Gottes Dimension. Vergessen wir nicht, der hier handelt, ist auch der, der das Universum mit einem mächtigen Big Bang startete, mit dem er auch Zeit, Raum und Materie in die Existenz rief samt den Naturkonstanten und Naturgesetzen. Jesus wurde verwandelt in eine völlig neue Seinsweise, in eine neue Seins-Gestalt in der himmlischen und in der irdischen Realität. Der Auferstandene wandelt sozusagen in zwei Welten: Obwohl die Jünger ihn wiedererkennen, obwohl sein äußeres Erscheinungsbild dem früheren ähnelt, so ist er doch ein ganz anderer. In den Berichten liest man, dass er plötzlich mitten unter sie tritt. Er kann durch Wände und verschlossene Türen gehen. Sie erkennen ihn erst nach einiger Zeit am Brechen des Brotes. Der Auferstandene erscheint wie ein Wesen aus einer anderen Welt. Er kommt körperhaft und materiell in Zeit und Raum der unsrigen Welt. Aber zugleich ist er als Auferstandener ein Angehöriger der ewigen unvergänglichen Wirklichkeit Gottes. Die Auferstehung Jesu heißt nicht, dass ein Leichnam wieder lebendig wurde, sondern dass Jesus transformiert wurde in ein neues Sein bei Gott, inthronisiert als Herrscher und himmlischer König über die gesamte Wirklichkeit, ausgestattet mit der Autorität und Machtfülle Gottes.

WAS BEDEUTET DIE AUFERSTEHUNG JESU?

Erstens: Christen verehren nicht einen Verstorbenen, und sie betreiben auch keinen Totenkult. Sie glauben nicht an einen Toten, auch nicht an eine Idee oder an ein theologisches Programm. Sie lieben und verehren Jesus, der den Tod besiegt hat. Im Mittelpunkt des christlichen Glaubens steht Jesus, der Lebendige, den Gott zu Leben und Herrschaft in einem neuen Sein erweckt hat. Aus dem Verkündiger der frohen Botschaft ist der Verkündigte geworden, der »Retter von Sünde, Tod und Teufel« (Luther). Er lebt. Man kann zu ihm sprechen. Er hört. Man kann ihn anrufen. Er handelt und ist machtvoll erfahrbar. Vielen Menschen ist er begegnet. Zuerst den Frauen am Grab, die seinen Leichnam salben wollten, dann den Jüngern und dann über fünfhundert Männern gleichzeitig (1. Korinther 15,6). Die leiblichen Begegnungen Jesu sind ein besonderes Phänomen in den ersten Wochen nach der Auferstehung und haben später aufgehört. Jedoch bezeugen Menschen durch die ganze Geschichte hindurch bis heute, darunter Muslime in großer Zahl, dass ihnen Christus erschienen sei.

Zweitens: Ohne Auferstehung würde sich kein Mensch mehr an ihn erinnern. Er wäre einer von vielen gescheiterten Möchtegern-Messiassen. Er wäre wie die anderen im Grau der Geschichte verschwunden. Wenn Jesus irgendwo in einem Grab vermodert wäre, kein Hahn würde mehr nach ihm krähen. Keiner würde auch nur seinen Namen kennen. Keine einzige Geschichte wäre über ihn überliefert worden. Keines seiner Gleichnisse würde man erzählen. Er wäre vergessen für immer und ewig.

Drittens: Erst durch die Auferstehung Jesu wird klar, wer er wirklich ist und was er für uns tat. Gott bestätigte ihn als den Messias, dessen Sterben Heil schafft und Versöhnung wirkt, wie es der Prophet Jesaja ca. 500 Jahre davor angekündigt hatte (52,13–53,12). Das bedeutet: Gott bestätigt die Verkündigung Jesu. Gott spricht durch ihn zu uns. Ohne Jesus bleiben wir hängen im Gestrüpp religiöser Annahmen und Hypothesen. Was wir von Gott ahnen, bleibt eine bloße Vermutung oder menschliche Theorie. Ohne Jesus dringen wir nicht durch zur Gotteserkenntnis und Gotteserfahrung. Wer zu Gott kommen will, muss zu Jesus kommen. An ihm entscheiden sich Heil und Unheil, Gefundenwerden oder Verlorengehen. Wer das kleinredet, hat nicht verstanden, wer er ist: der Messias Gottes, das Heil, das von den Juden kommt, der Retter und Heiland der Welt, der endzeitliche Richter, der Sohn des lebendigen Gottes.

Viertens: Ganz praktisch für mein Leben bedeutet das eine faszinierende Wirklichkeit: Weil Jesus auferstanden ist, gibt es die Vergebung als das große Angebot für mein Leben. Ich ergreife es demütig und dankbar und empfange die Kraft, wirklich umzukehren und mein Leben zu bessern. Denn weil Jesus auferweckt wurde, habe ich einen Heiland, einen Retter. Wenn Jesus im Grab geblieben wäre, hätten wir keinen guten Grund und keine Hoffnung auf ein neues Leben bei Jesus. Dann hätte mich, als ich mit 23 Jahren vor dem Sarg meiner toten Mutter stand, die pure Verzweiflung über die Macht des Todes gepackt. Aber so weiß ich, dass Jesus lebt und dass meine Mutter, eine gläubige Frau, bei ihm lebt. Und ich weiß, dass ich mit ihm leben werde. Denn er sagt: »Im Haus meines Vaters gibt es viele Wohnungen, und ich gehe voraus, um einen Platz für euch zu bereiten.«

Fünftens: Weil Jesus auferstanden ist, lebt die frohe Gewissheit, dass Gott diese Welt vollenden wird. Sie wird nicht im Chaos versinken. Die Finsternis wird nicht siegen. Das Unrecht dieser Welt schreit nicht vergeblich zum Himmel, denn Gott hört und richtet. Die Ausbeuter und Herrscher, die Todes- und Verderbensbringer der Geschichte, die Hitlers und Stalins dieser Welt, werden nicht triumphieren. Jesus, den Gott zum Richter der Welt bestimmt hat, wird sie zur Rechenschaft ziehen. Er wird sie mit den Früchten ihres Lebens konfrontieren, und sie werden das Verderben ernten, das sie gesät haben. Menschen wie Sophie Scholl oder Dietrich Bonhoeffer, die für das Gute sterben mussten, sind nicht die Verlierer der Geschichte. Es gibt eine letzte Gerechtigkeit, eine endgültige Zurechtbringung aller Dinge. Die Bibel, dieses großartige Buch über die Geschichte Gottes mit den Menschen, beginnt mit der Schöpfung der Welt und der Entfremdung des Menschen von seinem Schöpfer. Es endet mit der Wiederherstellung der Schöpfung in Gottes vollendeter neuer Welt, in der er abwischen wird alle Tränen, in der es keinen Tod mehr gibt und auch kein Leid und Schmerzensgeschrei.

10. FASZINATION: HIMMEL IN HERZEN

PFINGSTEN? KEINE AHNUNG

Nur jeder Zweite in unserem Land hat halbwegs eine Ahnung, was zu Pfingsten eigentlich gefeiert wird. Dabei kennen sich Ostdeutsche ein wenig besser aus mit der Bedeutung dieses kirchlichen Festes (immerhin 57 %) als Westdeutsche (schlappe 49 %), so das Resultat einer Emnid-Umfrage. Von den großen christlichen Festen kommt Pfingsten immer ein bisschen schlecht weg. Schon Bertold Brecht dichtete: »Zu Pfingsten sind die Geschenke am geringsten, während Geburtstag, Ostern und Weihnachten etwas einbrachten.« Dabei geht es gerade zu Pfingsten um ein großartiges Geschenk: Gottes Liebe, Kraft und Begeisterung kommt in die Herzen von Menschen. Aber vielleicht ist das gerade das Problem der Kirche. Ihr ist nämlich ein bisschen die Begeisterung abhanden gekommen. Kirchliche Verlautbarungen, Predigten, Apelle, Aktivitäten wirken oft so schrecklich brav, harmlos, nett, langweilig, angepasst, unanstößig, mittelmäßig. Dabei ging's mit der Kirche mal richtig feurig los.

DIE INITIALZÜNDUNG

Jesus hatte seinen Freunden gesagt: »Seid nicht traurig, wenn ich gehe. An meiner Stelle kommt der Heilige Geist, um in euren Herzen zu wohnen. Und der bringt Glaube, Begeisterung, Mut, Vision, um die gute Nachricht in alle Welt zu bringen.« Die Jünger samt Maria, der Mutter Jesu, trafen sich seit der Auferstehung in Jerusalem. Sie wussten: Da kommt noch was ganz Gewaltiges. Am Pfingstmorgen, wenige Wochen nach der Auferstehung von Jesus, war es so weit. Eine Macht der Liebe und Leidenschaft kam über diese Männer und Frauen. Ein Feuer aus dem Herzen Gottes erfüllte die Herzen der Jünger mit stürmischer Begeisterung und überbordender Freude. Dabei flippten sie wohl ein wenig aus, denn die Leute, die das mitbekamen, – die Stadt war ja voller Pilger aus dem ganzen Reich –, waren geschockt. Sie hörten die Geisterfüllten, wie sie in verschiedenen Sprachen lautstark und ekstatisch Gott priesen. Einige Leute meinten: »Die sind ja besoffen«. Da trat Petrus vor die bunte Menge und hielt eine packende Pfingstpredigt. Er erklärte den Leuten dreierlei: *Erstens*, was Gott gerade tut, nämlich machtvoll seinen Geist ausgießen; *zweitens*, wer Jesus ist und was er für die Menschen vollbracht hat; und *drittens*, was man tun muss, um selbst den Heiligen Geist zu empfangen. Das Resultat der Predigt? Dreitausend Leute bekehrten sich und ließen sich taufen an diesem Tag.

CRASH COURSE HEILIGER GEIST

Ist das mit dem Heiligen Geist eigentlich kompliziert? Nun es ist so schwierig, dass der schlauste Professor es nicht ganz kapiert, und es ist so einfach, dass ein Kind es verstehen und erklären kann: »Gottes Geist tritt in das Herz eines Menschen, und das Böse im Herzen wird klein und ängstlich, weil Jesus stärker ist.« Bis heute erleben Menschen, dass der Geist von Jesus, also seine Liebe, Kraft und Begeisterung, im Leben von Menschen Raum bekommt und sie zu großartigen Dingen befähigt: Sie können an Jesus glauben, andere Menschen für Gott und die gute Nachricht begeistern, sich für Arme und Kranke einsetzen. Manche Menschen, die früher überhaupt keinen Sinn im Leben sahen, vielleicht habgierig, gewalttätig, neidisch oder drogensüchtig waren, finden die Kraft, ein anderes und besseres Leben zu führen, weil der Heilige Geist in ihr Leben kommt und sie zum Guten anspornt und befähigt. Und viele empfangen von Jesus die Berufung, Zeugen der befreienden und verwandelnden Liebe Gottes zu sein. Zu Weihnachten geht es um die Frage: Ist Gott tatsächlich Mensch geworden? Zu Karfreitag: Ist Jesus wirklich für uns gestorben? Zu Ostern: Ist Jesus wahrhaftig auferstanden? Und zu Pfingsten? Ist Gottes Geist tatsächlich in die Herzen von Menschen gekommen? Pfingsten ist zuerst eine Erfahrung. *Leonhard Goppelt*, ein bedeutender Forscher auf dem Gebiet der biblischen Schriften, schreibt in seiner »Theologie des Neuen Testaments« über das Kommen des Heiligen Geistes: *»Der Geist war für die christliche Gemeinde von Anfang an nicht eine Theorie, sondern empirisches Widerfahrnis, das man zu deuten suchte.«* Das Großartige an Pfingsten ist: Die Ausgießung des Heiligen Geistes ist kein einmaliges Erlebnis. Sie war eine machtvolle Initialzündung. Und seitdem funkt es immer wieder in der Geschichte des Christentums. Nicht nur bei den Jüngern und den ersten Christen. Bis heute erleben Menschen in allen Teilen der Welt und aus allen Nationen, wie der Heilige Geist Menschen erfüllt, begeistert, verwandelt, begabt, ausrüstet, sendet, um Jesus zu verkünden in dieser Welt. Das ist die Hauptaufgabe des Geistes. Jesus ist sein Lieblingsthema. Jesus sendet den Geist. Durch ihn ist Jesus in und unter uns und tut sein Werk durch uns.

DIE CHRISTLICHE GRUNDERFAHRUNG

Der Heilige Geist führt in eine dreifache Grunderfahrung des Christseins. Grunderfahrung nenne ich es, weil es hier nicht einfach um ein Erlebnis für besonders fromme oder emotionale Menschen geht, sondern um eine Erfahrung, die zum Glauben dazugehört und die uns durchs Leben begleitet. Es ist die dreifache Erfahrung: *erstens*, Gott liebt mich und nimmt mich an um Jesu willen; *zweitens*, Er vergibt mir meine Schuld; *drittens*, Er erfüllt mich mit seinem Geist. Viele Menschen machen diese Erfahrung durch ein Bekehrungserlebnis. Die Erfahrung der Liebe Gottes und der Vergebung ist oft verknüpft mit einer unfassbaren Freude und tiefen Gewissheit des Glaubens. Andere haben kein konkretes Bekehrungserlebnis mit Erinnerungsdatum, an dem das Heil Christi ihr Herz berührte. Sie wachsen langsam in ein Leben mit Jesus hinein. Aber die Früchte ihres Lebens machen deutlich, dass Gottes Geist ihr Leben bestimmt. Sie lieben Jesus und die Menschen, sie erzählen begeistert von ihrem Glauben, sie engagieren sich für Gott und Gemeinde. Ein sicheres Kennzeichen der Erfüllung mit dem Heiligen Geist ist ein waches Interesse an geistlichen Dingen. Sie lesen die Bibel und christliche Bücher, kennen die Dimension des Gebetes, hören gern gute Predigten und christliche Podcasts und lieben christliche Musik, Choräle oder modernen Lobpreis, oft auch beides.

EIN LEBENSLANGER PROZESS

Die Erfahrung des Heiligen Geistes ist kein einmaliges Ereignis. In der Apostelgeschichte lesen wir, dass die Jünger nicht nur am Pfingsttag mit dem Geist erfüllt wurden, sondern immer wieder. Das Leben aus Gottes Gegenwart ist ein lebenslanger Prozess, in dem es manche Niederlagen gibt, aber auch viele Siege, manche Verirrungen, aber auch viele lebenserneuernde Erkenntnisse und segensreiche Führungen. Das Geheimnis eines Lebens aus dem Geist besteht darin, das Feuer am Brennen zu halten. Das geschieht durch Gehorsam gegenüber dem Wort Gottes, durch geistliche Gemeinschaft mit anderen Christen, durch das Heilige Abendmahl, durch Leben in einer Beziehung mit dem Schöpfer. Der tiefste Ausdruck dafür ist das persönliche Gebet. Eigentlich ist christliches Leben wie Fahrradfahren. Wer aufhört zu treten, fällt um. Wer aufhört, christlich zu leben, dem bedeutet der Glaube irgendwann nichts mehr. Man hört auf, eine geistliche Existenz zu führen.

EINE AUSRÜSTUNG ZUM DIENST ALS MITARBEITER GOTTES IN DIESER WELT

Der Heilige Geist ist kein Sahneklecks auf der Egotorte unseres Lebens. Gottes Geist ist uns nicht gegeben, um geistliche Wonneschauer zu bekommen. Der Heilige Geist ist die Ausrüstung Gottes für Menschen, die Jesus dienen wollen. Darum ist christliche Geisterfahrung mit einer Hingabe unseres Lebens an Jesus und seinen Auftrag verknüpft. Wer nur das Erleben Gottes sucht, ohne sein Leben hineinzugeben in den Dienst für Gott in dieser Welt, wird eine Enttäuschung erleben.

DER CHRIST DER ZUKUNFT

Karl Rahner, einer der ganz Großen der katholischen Theologie, schrieb in den 1950er Jahren einen Satz, dessen Bedeutung wir heute zunehmend verstehen. »Der Christ der Zukunft wird Mystiker sein, einer der etwas erfahren hat, oder er wird nicht sein«. Diese prophetische Ansage weist auf eine kommende Zeit hin, in der es nicht mehr genügt, einfach mit der Kirche zu glauben. Die Menschen des neuen Zeitalters brauchen eine persönliche Erfahrung Gottes und eine individuelle Vergewisserung ihres Glaubens. Während weltweit der christliche Glaube boomt, rauscht eine Säkularisierungswelle über den Westen, die alles mit sich fortzureißen droht, das nicht in Christus verankert ist. Die Verbundenheit mit der christlichen Religion erodiert. Das Ja zu einer christlichen Weltdeutung und Moral wird für viele fragwürdig. Der Glaube verliert an Attraktivität. Gleichzeitig entsteht am Rande der schwächelnden, erfahrungsarmen Kirchen und Freikirchen ein neues mystisches Christentum, in dem Bekehrung, Gebet, Geisterfahrung, außerordentliche spirituelle Kraftwirkungen und missionarischer Lebensstil die gemeindliche und persönliche Praxis bestimmen.

11. FASZINATION: EINE BOOMENDE GLOBALE BEWEGUNG

EINE STERBENDE RELIGION?

In dem Wochenmagazin DER SPIEGEL erschien 2022 ein Artikel über den Niedergang des Christentums in Deutschland. Unter dem Titel »Land der Gottlosen« war von einem säkularen Siegeszug die Rede, von einem kulturellen Umbruch, der die ganze Gesellschaft verändern wird und die Kirche zu einer bedeutungslosen Minderheit schrumpfen lässt.

DER EUROZENTRISCHE TUNNELBLICK

Ist dieser Abgesang auf das Christentum die ganze Realität? Wenn man die deutschen Medien konsumiert, die gern den Niedergang des christlichen Glaubens herausstellen, kommt man zu der Ansicht: Hier befindet sich etwas im freien Fall. Ein Blick auf die globale Religionslandschaft zeigt eine andere Realität. Weltweit wächst das Christentum in einem unvorstellbaren Ausmaß, und zwar in seinen protestantischen und katholischen Varianten. Die deutsche Sicht auf das Christentum ist provinziell, einseitig, eurozentrisch und ignorant. Vor unseren Augen vollzieht sich ein Wunder. Noch nie in seiner Geschichte entfaltete das

Christentum so eine vitale Dynamik wie in unseren Tagen. Die Kirche Jesu ist lebendiger und wachsender als je zuvor.

EINE DYNAMISCHE WELTBEWEGUNG

Während man in Europa sorgenvoll auf das Erstarken des Islam starrt, wächst das Christentum seit der 2. Hälfte des 20. Jahrhunderts weltweit in einem Ausmaß, das kaum jemand für möglich gehalten hätte, gleich gar kein Religionssoziologe. Während der Glaube in Europa immer mehr zum Randphänomen wird, bahnen sich in anderen Teilen der Welt neue geistliche Bewegungen den Weg zu den Menschen. Christliche Gemeinden werden in großer Zahl gegründet und verändern die religiöse Landschaft. Ganze Regionen wenden sich dem Glauben zu. Das außerordentliche globale Wachstum des Christentums ist vor allem eine Frucht indigener Kirchen evangelikal-charismatischer Prägung. Die alte Säkularisierungsthese, dass Bildung und Wohlstand zwangsläufig zum Niedergang von Religion führen, wird heute kaum noch von einem Religionswissenschaftler vertreten. Gerade Gesellschaften, die stark im Aufschwung sind und intensive Modernisierungsprozesse durchlaufen, öffnen sich dem christlichen Glauben. Das gilt besonders für den ostasiatischen Raum, wo heute über zehn Prozent der Bevölkerung Christen sind. Vor 50 Jahren waren es gerade mal 1,2 Prozent. In Südkorea betrug der Anteil von Katholiken etwa 2,5 Prozent der Bevölkerung, Protestanten rund drei Prozent. Im Jahre 2010 wurde das Christentum mit einem Anteil von 29 Prozent der Gesamtbevölkerung zur größten Religionsgemeinschaft des Landes, davon 10,7 Prozent Katholiken. Damit ist die Zahl der Christen dort um mehr als das Zweihundertfache gestiegen. Ähnlich sind die Wachstumszahlen in den Tigerstaaten und in China. Dort ist mit einem Anteil von schätzungsweise 10 % Christen eine kraftvolle Bewegung entstanden. Während es noch in den 1960er Jahren gerade mal 2 Millionen Christen gab, wuchs die Zahl auf heute schätzungsweise 120 Millionen. Besonders in den Städten und unter der akademischen Elite ist der Glaube attraktiv geworden. Das *Mercator Institute for China Studies* prognostiziert für das Jahr 2030 ein Wachstum der Kirche auf 200 Millionen Christen. Auch in Afrika kann man ein dramatisches Gemeindewachstum beobachten. Dort hat sich die Zahl der Christen in den letzten fünfzig Jahren mehr als verfünzigfacht. Allein die Katholische Kirche hat sich in den letzten 25 Jahren verdoppelt auf ca. 243 Millionen Gläubige. Das ist nicht nur dem demografischen Wachstum geschuldet, sondern vor allem auch dem missionarischen Eifer der Christen, die von Jesus und seiner göttlichen Mutter fasziniert sind und das in ihre Umgebung ausstrahlen.

EINE ZWEITE REFORMATION

Für viele unbemerkt und von den Medien und der Theologie weitgehend ignoriert, entsteht in vielen Teilen der Welt, zumeist auf der Südhalbkugel und in Asien, eine Art Zweite Reformation. Sie bringt ein Christentum hervor, das anders ist, als wir es in den klassischen Denominationen Europas und Nordamerikas kennen. Es ist ursprünglicher, dynamischer, missionarischer, mystischer, enthusiastischer als dessen europäische Variante. Diese neuen Kirchen fordern zu einer tiefgreifenden Bekehrung heraus, verkündigen eine enge Verbundenheit mit Gott und lehren moralische Reinheit. Die Bibel ist für sie weniger ein historisches Buch als vielmehr eine Gebrauchsanleitung für ein Leben mit Gott. Sie glauben an eine spirituelle Realität wie die ersten Christen. Daher sind für sie Glaubensheilungen, mystische Erfahrungen wie Visionen und Prophetie, Freisetzung von zerstörerischen Mächten, Beten in Zungen normale Realität und Glaubenspraxis. Weltweit boomt dieses Christentum. Die Religionssoziologie fasst diese neue dynamisch wachsende Variante des Christentums unter dem Label »*spirit empowered christianity*« (geistbevollmächtigtes Christentum) zusammen, zu dem laut The World Christian Encyclopedia (3rd edition 2020) 644 Millionen Christen gehören. Jährlich wächst diese Bewegung global um etwa 20 Millionen und damit viermal schneller als die Weltbevölkerung. Spätestens 2040 dürfte deren Zahl, so die Experten, bei über 1 Milliarde liegen. Dieses »geistbevollmächtigte Christentum« wird in Zukunft zur wichtigsten christlichen Kraft.

CHRISTENTUM UND ISLAM

Die beiden größten Religionen der Erde, Christentum und Islam, wachsen wegen der hohen Geburtenrate vor allem unter den Armen. Das Christentum aber hat einen weiteren enormen Wachstumsfaktor, der im Islam kaum eine Rolle spielt. Es multipliziert sich vor allem durch Mission, besonders durch die phänomenale missionarische Dynamik der Pfingstkirchen und evangelikal charismatischen Bewegungen. In Ländern wie China, Indien und in den muslimischen Staaten wachsen viele Gemeinden im Untergrund und bleiben bewusst unter dem Radar von Regierungsstellen, um Diskriminierung und Verfolgung zu entgehen. Sie tauchen damit in keiner Statistik auf. In Indien gehören die meisten von den geschätzten 90 Millionen Christen zu inoffiziellen Hausgemeinden, so der Missiologe und Indienexperte Wolfgang Simson. Außerdem gibt es in vielen Teilen der Welt junge boomende Gemeinden und Bewegungen, die statistisch unsichtbar sind, weil sie sich über Partizipation definieren und keine Mitgliederlisten führen. In Zukunft werden auch weiterhin zwei Muslime auf drei Christen kommen. Europa und Nordamerika sind die einzigen Kontinente, in denen das Christentum schrumpft.

AUFBRUCH IN LATEINAMERIKA

Dieser Kontinent erlebt eine Hinwendung vieler Menschen zu einem dynamischen Christentum. Neue Protestantische Bewegungen, zumeist Pfingstkirchen und neue charismatische Kirchen, gründen neue Gemeinden und erreichen Millionen Menschen. Die ersten Missionare dieser neuen Bewegungen kamen in den 1930er Jahren vor allem aus den USA. Sie arbeiteten mit nur mäßigem Erfolg. Erst als einheimische Pastoren die Leitung übernahmen und die Gemeinden sich kulturell und theologisch von ihren nordamerikanischen Mutterkirchen emanzipierten, begann diese Bewegung eine unglaubliche Dynamik zu entfalten. Sie wuchs rasant und veränderte grundlegend die religiöse Landschaft Lateinamerikas. In vielen Ländern des Kontinents gehören heute 40 bis 50 Prozent der Bevölkerung zu einer der zahlreichen Pfingstkirchen. Der ehemalige religiöse Monopolist, die römisch-katholische Kirche, starrte anfangs mit einer Mischung aus Bestürzung, Verwunderung und Resignation auf das atemberaubende Wachstum der protestantischen »Sekten«. Doch dann entdeckte sie, dass Bekehrung und Erfüllung mit dem Heiligen Geist *urkatholisch* sind. Innerhalb dieser Kirche entstand eine kraftvolle Bewegung der Revitalisierung des Glaubens. Von den 600 Millionen Katholiken gehören heute ungefähr 150 Millionen zur katholisch charismatischen Erneuerung (Catholic Charismatic Renewal, CCR). Die meisten Priesterberufungen sind eine Frucht dieser wachsenden Bewegung. In vielen Regionen füllten sich die Kirchen wieder. Zur normalen Glaubenspraxis gehören Lobpreis, prophetische Worte, Zungenrede und Heilung durch Gebet. Das Hauptanliegen aber ist Mission, dass Menschen aus einem lauen, synkretistischen Katholizismus zu einem engagierten Leben aus der Kraft des Heiligen Geistes finden. Auffällig ist das katholisch-konservative Profil dieser Bewegung. Die katholischen Dogmen werden hoch geehrt, und die kirchliche Morallehre gilt als Richtschnur für das Leben der Gläubigen. Die Gottesmutter Maria wird inbrünstig verehrt. Sie ist das wichtigste Unterscheidungsmerkmal zu den Protestanten. Begabte Priester wie in Brasilien *Marcello Rossi* verhalfen der katholischen Erneuerung zu einem dramatischen Durchbruch. Der Pater ist ein Star in Brasilien. Er füllt als Prediger und frommer Latinopop-Sänger ganze Stadien. Weil seine Kirche in Sao Paulo zu klein wurde, baute er eine neue Kirche. Sie ist mit 25.000 Sitzplätzen und mit einem Außengelände für Open-Air-Gottesdienste für 75.000 Menschen die größte Kirche Lateinamerikas. Sie trägt den Namen »Mae de Deus« (Mutter Gottes). Während die katholische Befreiungsbewegung Lateinamerikas wegen ihres verengt sozialen und spirituell defizitären Ansatzes ein Randphänomen blieb, gewann ein enthusiastisches katholisches Christentum, in dessen Zentrum die christliche Heilserfahrung steht, viele Menschen.

SOZIALE UND POLITISCHE VERÄNDERUNGEN

Die Revitalisierung des Glaubens hat auch Auswirkungen auf die Gesellschaft. Die in Harvard und Oxford lehrende Politologin *Monica Toft* schreibt in ihrem 2012 erschienenen Buch »God's Century«, dass seit den 1970er Jahren religiöse Akteure in den großen politischen Umbruchbewegungen in vielen Fällen die Demokratisierung vorangetrieben haben. Sie schreibt: »Die letzten vier Jahrzehnte haben gezeigt, dass Religion ein Zerstörer von Diktaturen sein kann, ein Initiator von Friedensverhandlungen und Versöhnung, ein Förderer wirtschaftlicher Entwicklungen und Projekte, ein Befürworter von Frauenrechten, ein Krankheitsbekämpfer und ein Verteidiger von Menschenrechten.«

NICHTS UND NIEMAND KANN DIESE BEWEGUNG STOPPEN

Die Kirche ist eine Erfindung von Jesus. Es gibt sie, weil Jesus sie will. Er sprach zu Petrus: »Du bist ein Fels. Und auf diesen Felsen will ich meine Gemeinde bauen, und nicht einmal die Macht der Hölle kann sie überwältigen.« Christus hat die Kirche gegründet. Am Anfang bestand diese Keimzeller aus einer Handvoll von Männern und Frauen, die Jesus nachfolgten. Und dann die grandiose Initialzündung am Pfingsttag in Jerusalem. Der Geist Jesu durchglühte die Jünger mit Leidenschaft, Liebe und Lust, die Heilsbotschaft bis an die Enden der Erde zu tragen. Und seitdem rollt diese Bewegung zu den Menschen. Es gab viele Treulosigkeiten, Rückschläge, Verfehlungen, Sünden und Versäumnisse, dennoch läuft das Projekt Kirche um die Welt, wird stärker, breitet sich aus. Immer wieder gab es Zeiten, in denen es so aussah, als ob die Kirche untergeht - sei es durch selbstzerstörerische Kräfte von innen, wie Verweltlichung und Irrlehren, oder durch **äußere Kräfte** wie die Eroberungen des Islam oder die Verfolgungen durch atheistisch-kommunistische Diktaturen. Die Kirche überlebte diese Katastrophen. Noch mehr! Sie erstand in neuer Kraft, weil sie sich erneuert und revitalisiert aus himmlischen Quellen. Nichts kann diese Bewegung stoppen. Christus selbst steht für sie ein und wird sie vollenden. Der Heilige Geist ist ausgegossen. Der Himmel ist offen. Pfingsten war gestern, Pfingsten ist heute und Pfingsten ist morgen.

12. FASZINATION:
DER SINN DES LEBENS

Wozu – in aller Welt – lebe ich eigentlich? Was ist der Sinn dieses Abenteuers Leben? Viele Menschen leiden unter einem permanenten Gefühl der Sinnlosigkeit. Der Psychologe *Viktor Frankl* definiert den Menschen als Sinnwesen. Er arbeitete unter den Schönen und Reichen in Los Angeles und diagnostizierte unter ihnen eine eigenartige psychische Erkrankung. Menschen, denen eigentlich nichts fehlt, fühlen sich elend und depressiv. Die Diagnose? Sie leiden an einem abgründigen Sinnlosigkeitsgefühl, von Frankl »existentielles Vakuum« genannt. Offensichtlich ist ein Mensch, der keine befriedigende Antwort auf die Frage nach dem Sinn seines Lebens kennt, einem hohen Risiko ausgesetzt, seelisch krank zu werden. Nach Frankl sind 20 % aller seelischen Erkrankungen darauf zurückzuführen, dass sie nicht wissen, wofür sie leben. Die Betreffenden leiden unter Depressionen, Schlafstörungen, Selbstmordgedanken und einer lähmenden Initiativlosigkeit. Frankl entwickelte eine Sinntherapie, Logotherapie genannt, um Menschen zu helfen, einen Sinn in ihrem Leben zu finden.

Vor einiger Zeit kam eine ältere Dame in meine Sprechstunde. Sie erzählt eine erschütternde Geschichte. Ihre 14-jährige Enkelin Laura aus Berlin hatte sich aus dem Fenster gestürzt. Sie hinterließ einen Abschiedsbrief. Darin standen die Zeilen: »Ich sehe keinen Sinn im Leben«.

Gott sei Dank überlebte sie mit ein paar Rippenbrüchen. Wie Laura zerbrechen unzählige Menschen an der gefühlten Sinnlosigkeit.

Die Frage nach dem Sinn des Lebens ist relativ jung. Sie tauchte erst im Zeitalter der Romantik auf, also zu Beginn des 19. Jahrhunderts. Davor lag der Sinn des Lebens klar auf der Hand. *Gott!* Was sonst? Die Bestimmung des Menschen, sein Zweck und Wert ist ihm von seinem Schöpfer gegeben. Gott ist der Schlüssel zum rechten Leben und zur Glückseligkeit. Punkt. Bei Augustin, Martin Luther und anderen früheren Geisteshelden war die Sinnfrage Teil der christlichen Lehre über Gott und den Menschen. In unserer westlichen Kultur der letzten einhundert Jahre hat sich die Antwort aufgelöst in lauter kleine Sinnfragmente. Der Sinn des eigenen Lebens kann das Partywochenende sein, der Traumpartner oder wenigstens eine gute Sexbeziehung, der eigene Nachwuchs, der berufliche Erfolg mit der entsprechenden Kohle, die Selbstverwirklichung, der Fußballclub, der Esoterik-Zirkel, das eigene Haus, der Garten, die Anerkennung innerhalb der Szene, zu der man gehört. Es gibt nicht mehr *den* Sinn des Lebens. Man kann seinem Leben höchstens einen Sinn *geben*. Die Menschen des Westens glauben heute an eine endgültige Bedeutung des Lebens ebenso wenig wie an den Weihnachtsmann. Drei prägende Strömungen unserer Kultur, die Relativierung aller Werte, der Individualismus und die Emotionalisierung des Lebens, haben die Zugänge zum Lebenssinn verändert. Es gibt keine absolute Wahrheit, nur viele Teilwahrheiten, die gleichberechtigt nebeneinander stehen. Für das selbstbestimmte Individuum gibt es nicht mehr die eine Wahrheit, die über allem steht, sondern nur das, was ich als Wahrheit anerkenne, fühle und wähle. »Nur was ich fühle, ist real« lautet ein Glaubensbekenntnis der Postmoderne. Man spricht von meiner und deiner Wahrheit, und meint damit, dass letztlich jeder selbst bestimmen muss, was für ihn wahr und richtig ist. Alles Reden von *dem* Sinn des Lebens klingt nach autoritärer Fremdbestimmung. Daher ist es folgerichtig, wenn der Mensch unserer Kultur sagt, dass die Frage nach dem Sinn des Lebens nicht von außen beantwortet werden kann. Denn den Lebenssinn kannst du nur in dir selbst finden. Jeder muss sich seinen eigenen Sinn suchen, den er für richtig hält und der sich stimmig anfühlt.

Das klingt erst einmal korrekt. Man braucht persönlichen Bezug zu dem, was Wahrheit für uns werden soll. Selbstbestimmt zu leben ist ein hoher Wert. Gleichzeitig überfordert uns dieses Konzept. Wenn der einzelne Mensch herausgefordert ist, in sich selbst eine tragfähige Antwort zu finden, auf all die wichtigen und gewaltigen Fragen nach dem Sinn des Lebens, nach dem wirklich Wahren und Guten, dann übersteigt das unser Vermögen und unsere humanen Ressourcen. Viele Menschen, besonders junge, kommen mit den Anforderungen des Lebens nicht mehr klar. Nicht wenige landen im Burnout. Sie ertrinken im Meer der Ansprüche und Erwartungen. Wir werden nicht glücklich, wenn wir nur um uns selbst kreisen und alles in uns selbst suchen, was unser Leben sinnvoll machen könnte. Wir werden einsam, ich-zentriert, kompliziert und beziehungsunfähig. Wir verlieren das Du als fühlendes, wollendes und liebendes Gegenüber, und wir verlieren den Kontakt zur Realität. Denn Wirklichkeit ist mehr als nur unsere Innensicht. In uns ist nicht die ganze Wahrheit. Diese Ich-Zentrierung mit ihrer Relativierung von Wahrheit führt dazu, dass eine Gesellschaft ihre Mitte verliert und auseinanderdriftet. Menschen haben Probleme, miteinander ins Gespräch zu kommen, und Kommunikation besteht oft nur noch darin, dass sie sich ihre eigenen Ich-Wahrheiten um die Ohren hauen.

Vor einigen Jahren las ich ein Buch mit dem schönen Titel »Wer bin ich, und wenn ja, wie viele?« von *Richard David Precht*, Deutschlands aktuellem Lieblingsphilosophen. Dieses kluge, aber in seiner Quintessenz banale Buch, wenn man es an seinem Buchtitel misst, hat eine breite Leserschaft gefunden. Precht klopft auf 380 Seiten die Philosophiegeschichte nach der Sinnfrage ab und gelangt dann zu dem »überraschenden« Fazit, dass jeder Mensch maximal seinen *eigenen* Lebenssinn finden könne, was immer das auch heißt. Ich traf einen alten Bekannten, einen Pfarrerssohn, der den Glauben seiner Kindheit längst über Bord geworfen hatte. Wir kamen auf Prechts Buch zu sprechen, das mein Bekannter gerade gelesen hatte. Er meinte zu mir: »Wenn man das Christentum und seine Sinnangebote kennt, dann ist das, was Precht in seinem Buch an Sinn anzubieten hat, so ärmlich, dass ich mich lieber wieder beim alten Christentum auf die Suche mache.«

Der Mensch in unserer Kultur ist herausgefordert, sich einen Lebenssinn zu suchen, der zu ihm passt. Die Auswahl ist groß. Sie reicht von Partnerschaft, Traumpartner, eigene Kinder über einen guten Job, ein sinnvolles Hobby bis hin zum Partywochenende. Ergeben diese vordergründigen Antworten einen tragfähigen Lebenssinn? Einige hundert Berliner Studenten wurden nach dem Sinn des Lebens befragt. »Das Leben genießen« war die häufigste Antwort, gefolgt von »Karriere machen und viel Geld verdienen«. Klar, das Leben lässt sich leicht genießen, wenn man jung ist, vielleicht sogar noch gut aussieht und Karriere macht. Aber das kann von heute auf morgen vorbei sein. Was ist, wenn man nicht mehr genießen kann, weil man krank ist oder alt? Wir fallen in das dunkle Loch der Sinnlosigkeit, wenn Genießen und Karriere unser ganzer Lebensinhalt war. Was ist mit den Millionen von Menschen, die ausgebeutet sind, gefangen, behindert? Ist deren Leben automatisch sinnlos? Oder gibt es noch mehr als diese oberflächlichen Antworten? Wenn der Partner oder eigene Kinder unser ganzer Lebenssinn sind, dann ist unser Leben von einer schrecklichen Sinnlosigkeit bedroht, wenn eine Beziehung zerbricht, der geliebte Mensch stirbt, die Firma pleite geht oder unsere Kinder nichts mehr von uns wissen wollen.

Ein Lebenssinn, der nicht tragfähig ist im Angesicht von Tod, Leid, Krankheit, Zerbruch, Einsamkeit, Armut, taugt nichts. Die vordergründigen Antworten scheitern vor den großen Herausforderungen des Lebens. Es gibt eine Reihe von sinnstiftenden Aspekten wie die Liebe zu einem Menschen, Kinder, Beruf, Freunde, eine sinnvolle Aufgabe. Sie müssen aber eingebunden sein in einem größeren Sinnzusammenhang, der bestehen kann vor den Erschütterungen des Lebens, die auf jeden von uns warten. Die menschliche Erfahrung und die Wirklichkeit der Welt weisen uns darauf hin, dass wir den Zugang zu Ressourcen von Sinn und Glück brauchen, die uns auch dann mit Lebensmut und Geborgenheit versorgen, wenn unser Leben erschüttert wird. Wenn das Leid an unsere Tür klopft, dann ist es absolut wichtig, die Quellen der Hoffnung zu kennen, die nicht von dieser Welt sind. Die Frage nach dem Sinn des Lebens ist letztlich eine Frage nach unserem Ursprung, nach unserer Bestimmung hier im Leben und nach unserem Ziel. Gott ist die einzig sinnvolle Antwort.

Alle anderen Antworten kratzen an der Oberfläche und versagen in den Schicksalsschlägen des Lebens. Ohne Gott gibt es keine befriedigende Antwort auf die Frage nach dem Sinn des Lebens. Die Beiträge der neueren philosophischen Strömungen und Ideologien zum Thema von Lebenssinn im Angesicht von Leid und Tod erschöpfen sich in rein diesseitigen und damit der Tiefendimension des Lebens nicht gerecht werdenden Ausführungen. Linke Ideologien, wenn sie überhaupt etwas Erhellendes zu diesem Thema zu sagen haben, erörtern die Möglichkeit politischer Maßnahmen zur Verringerung des Leidens. Der Existenzialismus weist darauf hin, dass man sich mit der Absurdität und Widersprüchlichkeit menschlicher Existenz abfinden muss. Der philosophische Dekonstruktivismus hinterfragt und destabilisiert festgefahrene Denkmuster und Hierarchien zum Thema Leid und Tod. Die Beschäftigung mit diesen philosophischen Ideen kann zu einer gewissen intellektuellen Befriedigung führen, aber sie trösten nicht, sie bauen uns nicht auf, sie vermitteln keinen Lebensmut, und sie erweitern nicht unseren Hoffnungshorizont.

Ich bin überzeugt, dass in jedem Menschen eine tiefe Sehnsucht nach einem erfüllten und sinnvollen Leben angelegt ist. Wenn wir sensibel auf unser Herz hören, das nicht von atheistischen Ideologien übertönt wird, dann vernehmen wir die leise Stimme: »Es muss mehr geben. Es muss einen höheren Sinn haben, dass es dich gibt«. Wir spüren, das Leben ist mehr als Genuss, Partnerschaft, Sexualität, Arbeit, Karriere und das Tun des Guten und Richtigen. In der Tiefe unseres Wesens sehnen wir uns nach einem Lebenssinn, der uns eine einzigartige Würde gibt, der unser Leben wertvoll macht bis zum letzten Atemzug, der uns mit einer lebendigen Hoffnung erfüllt, die selbst die Grenzen des Todes sprengt. Für diesen Lebenssinn sind wir geschaffen. Dieser Lebenssinn hat einen Namen: GOTT. Gott ist die Antwort auf die drei fundamentalen Fragen unserer Existenz: Woher komme ich? Wozu bin ich da? Wohin gehe ich? Auf diese Fragen gibt es ohne einen transzendenten Bezugspunkt keine befriedigenden Antworten. Gott ist unser Woher, unser Wozu und unser Wohin. ER hat uns als Gegenüber seiner Liebe ins Leben gerufen. ER ruft das große Ja, das durch die Himmel schallt in dem Augenblick unserer Zeugung. Vom ersten Augenblick unserer Existenz an sind wir gewollt und geliebt. Darum ist jedes menschliche Leben unendlich wertvoll. ER hat Jesus gesandt, damit wir Gottes Freunde werden, seine Liebe erkennen und Ihn preisen und anbeten. ER hat uns berufen, in Gemeinschaft mit allen Geschöpfen ein fürsorgliches und erfülltes Leben zu führen. Und wenn vielleicht der Tag kommt, an dem wir alt und krank, einsam und vergessen sind, dann offenbart sich die letzte große Sinnhaftigkeit, wenn wir für andere Menschen beten und einfach für Gott da sind, weil er uns sieht.

Vor einiger Zeit hatte ich an Exerzitien teilgenommen. Das ist so eine Art Einkehrwochenende, um Gott näher zu kommen, zu beichten und den Herrn anzubeten. Geleitet wurden die Tage von *Pater Matthew*, einem indischen Vinzentiner, der trotz seines jungen Alters ein bekannter Exerzitienmeister in der katholischen Weltkirche ist. Er erzählte in einer Bibelauslegung eine Geschichte aus seinem Leben, die mich tief berührte: Bevor in Indien ein Vinzentiner sein ewiges Gelübde ablegt (Gehorsam, Armut und Keuschheit), um Mönch zu werden, muss er zehn Tage lang bei den Ärmsten der Armen leben, bei den Bettlern und Sterbenden. Er darf für diese Zeit nichts mitnehmen, weder Geld, noch Nahrung, noch zusätzliche Kleidung. Wie ein Bettler muss er von dem leben, was barmherzige Menschen ihm geben. Nachts muss er bei den Bettlern schlafen. Auch Pater Matthew wurde von seinem Ordensobersten ausgesandt, um zehn Tage bei den Armen und Elenden auf Indiens Straßen zu leben. Eines Nachts lag er schlafend neben einem alten Bettler. Ein Geräusch weckte den Pater. Er sah, wie der alte Bettler mitten in der Nacht auf der Straße kniete, sich bekreuzigte und mit erhobenen Händen betete. Er frage ihn: »Bruder, was betest du?« »Ich preise Gott«, sagte der alte Mann. »Du bist ein armer Bettler. Wofür preist du Gott?« Da antwortete der Bettler »Weil Gott mich sieht.«

Unsere große von Gott gegebene Bestimmung erschöpft sich nicht in diesem Leben. In einem Beerdigungsgespräch mit einem Vater, dessen 18jähriger Sohn bei einem Motorradunfall ums Leben gekommen war, hörte ich einen bedeutungsschwangeren Satz. Der Vater, der eigentlich mit dem Glauben nichts anfangen konnte, sagte mir unter Tränen: »Das kann doch nicht alles gewesen sein!« Er sprach damit eine tiefe Ahnung aus, die in jedem Menschen angelegt ist. Wir sind nicht geschaffen für das Grab. Jesus füllt diese Ahnung mit einer frohmachenden und tröstenden Gewissheit. Wir sind bestimmt zu einem Leben ohne Verfallsdatum in Gottes neuer Welt, in der es weder Tod noch Leid gibt. Das Leben ist kein Tanz auf der Falltür ins Nichts. Wir sind berufen zur Erlösung durch Jesus Christus, um zusammen mit ihm und mit allen himmlischen Bewohnern, Engeln und Menschen, Gott und das ewige Leben zu feiern.

Wer jetzt sagt, »das kann ich mir nicht vorstellen«, hat die Sympathie und Zustimmung des Autors. Unser Sein mit Leib, Gefühl und Verstand ist für die irdische Dimension des Seins gemacht. Aber unsere tiefste Identität ist nicht irdischer Natur. Wir sind im Kern spirituelle Wesen. Ich nenne das »die spirituelle Kernpersönlichkeit« des Menschen. In dieser Welt können wir uns nur Weltliches vorstellen. Unser Denken kann nur Weltliches erfassen. Unsere Sprache kann nur Weltliches wiedergeben. Aber wir gehen auf das Unaussprechliche und Undenkbare zu. Denn so heißt es in der Bibel (1. Korinther 2,9): »Was kein Auge jemals sah, was kein Ohr jemals hörte, was kein Mensch sich jemals vorstellen kann, das hat Gott denen bereitet, die ihn lieben«.

13. FASZINATION: IDENTITÄT

WER BIN ICH?

Über kaum eine andere Frage herrscht in unseren Tagen so viel Verwirrung und Unsicherheit. Wer bin ich? Ein Mensch. Das hilft schon mal, um nicht verwechselt zu werden mit Stein, Blume oder Nasenbär. Aber was heißt das, ein Mensch? Noch komplizierter wird es, wenn wir fragen: Wer bin ich als Mann, als Frau? Oder bin ich nicht jemand jenseits dieser Zuordnung? Ein nonbinäres Wesen? Was ist meine Identität? Wer oder was bestimmt diese? Wie bekomme ich heraus, wer ich bin? Was hilft mir? Wie und wodurch werde ich geprägt in meiner Identität? Gene? Erziehung? Medien? Wissenschaft? Kultur? Zeitgeist? Wer bin ich abgesehen von den Rollen, in die das Leben mich drängt? Wer bin ich ohne Titel, ohne Kreditkarte, ohne Statussymbol, ohne deutschen Pass? Wer bin ich als Mensch und nur als Mensch? Psychologen und Soziologen sprechen von einer Identitätskrise des modernen Menschen. Wir versuchen, uns eine Identität zuzulegen. Wir entwerfen uns selbst. Bei Instagram konstruieren wir ein Selbst, stellen fotogeshopte Bilder von uns ins Netz und gieren nach vielen Likes, die unseren Coolheitsfaktor bestätigen und uns suggerieren, dass wir wichtig und gefragt sind. Nichts fürchten wir so sehr wie Ablehnung. Schablonenhaft übernehmen wir einen Stil, ein Verhalten, ein Outfit.

Hauptsache, wir werden von anderen akzeptiert. Dahinter steckt eine tiefe Unsicherheit, wer wir eigentlich sind. Diese Unsicherheit bestimmt latent unser Leben, und sie macht uns manipulierbar. Der oberste Manipulator ist die Werbung: Trage die und die Marke, dann bist du cool. Sage mir, was du kaufst, und ich sage dir, wer du bist. Konsum bestimmt unsere Identität. Die Medien prägen unser Verhalten, unseren Geschmack, unsere Werte, unser Konsumverhalten. Wir passen uns an und werden zu Kopien. Irgendwo habe ich einmal diesen Satz gelesen: »Gott hat die Menschen als Originale geschaffen, aber die meisten enden als Kopie.«

DER MENSCH IST NICHTS WEITER ALS ...

Sätze, die so beginnen, verraten, dass sie den Menschen auf eine Dimension seines Seins verkürzen. Man outet sich sozusagen als Anhänger eines reduktionistischen Menschenbildes und wird so zum Sprecher einer Halbwahrheit. Wir wollen etwas herumkramen in der Sprüchekammer der Halbwahrheiten: »Der Mensch ist nichts weiter als Materie, die sich ihrer selbst bewusst geworden ist.« »Der Mensch ist nichts weiter als die Summe biochemischer und bioelektrischer Aktivitäten.« Hier wird das menschliche Sein auf die Materie reduziert. Danach ist der Mensch ein komplizierter biologischer Apparat, sonst nichts. Natürlich ist er das *auch,* aber eben nicht nur. Was ist der Mensch, wenn man ihn auf seine biologische Ebene reduziert? Der expressionistische Dichter und Arzt *Gottfried Benn* nennt ihn ein »Hirntier«, »einen armen Hirnhund«. Der Mensch ist »kein höheres Wesen, sondern ein hochgekämpfter Affe«. Diese Sätze wollen und sollen schockieren, indem sie uns mit der Wahrheit unseres Seins konfrontieren, dass wir funktionierende Materie sind. Aber der Mensch ist viel mehr als ein biochemisches und bioelektrisches System. Man kann ihn nur umfassend beschreiben, wenn man die *geistige* Dimension seines Wesens einbezieht. Auf der biologischen Ebene ist der Mensch ein affenähnliches Tier, entstanden aus dem Erbgen-Cocktail seiner Vorfahren. Auf der psychologischen Perspektive ist der Mensch ein Wesen, das aus seinem Unterbewusstsein von diffusen Trieben und Wünschen gesteuert und bestimmt wird. Aus der Sicht des Soziologen sind wir das Ergebnis unseres gesellschaftlichen Umfelds: Eltern, Schule, Clique, Freunde, Nation, Kultur. Auf der chemischen Ebene lässt sich ziemlich einfach beschreiben, was der Mensch ist: eine Ansammlung wertloser Substanzen: 68 % Wasser, 20 % Kohlenstoff, 6 % Sauerstoff, 2 % Stickstoff, 4 % Aschebestandteile (bei Rauchern mehr) und einige Schwermetalle. Alle diese Beschreibungen sind richtig und dennoch Halbwahrheiten. Sie sind ungeeignet, das Wesen des Menschen angemessen wiederzugeben.

DER MENSCH IST VIEL MEHR ALS ...

Der Mensch ist unendlich mehr. Er ist ein geistiges Wesen. Er besitzt eine geistig-spirituelle Dimension, die auf der rein naturwissenschaftlichen Ebene nicht sichtbar und auch nicht aussagbar ist. Stellen Sie sich vor, was wohl ein Chemiker, der ein Gemälde Rembrandts analysiert, herausbekommt. Er benennt die chemischen Verbindungen, definiert die Substanzen, welche die unterschiedlichen Farben hervorbringen, ermittelt Alter und Beschaffenheit der Leinwand. Er weiß viel mehr über das Bild als der Betrachter in der Galerie, der ergriffen vor einem Gemälde steht. Hat der Chemiker das Kunstwerk begriffen? Nein! Es ist ein geistiges Werk, die Verkörperung genialer kreativer Arbeit. Nur wer es auf dieser Ebene bestaunt, kann es verstehen. Eine Beethoven-Sinfonie ist ebensowenig nur eine Ansammlung von Noten, wie ein Roman von Thomas Mann nur eine Ansammlung von Wörtern ist. Auf der Ebene ihrer Bestandteile sind sie völlig bedeutungslos. Ihr Sinn erschließt sich aus der Gesamtschau.

MEHR ALS EIN ZUFALLSPRODUKT?

Sind wir wirklich das Produkt von vielen Zufällen? Einmal als Gattung Mensch das Resultat vieler glücklicher Zufälle, durch welche nach einem gewaltigen Urknall aus lebloser Materie schließlich ein denkender, fühlender Mensch entstand? Und zweitens als Produkt des Zufalls, dass – aus welchen Gründen auch immer – Spermium und Eizelle zueinander fanden und ein Mensch entstand? Natürlich ist jeder Mensch *auch* Produkt dieses Zufalls. Der Stromausfall an jenem Abend. Vater fand Mutter so süß, und Mutter hatte gerade ihre empfangsbereite Zeit. Und da der Fernseher nicht ging und Mutter es gern mochte, ist es geschehen – was für ein glücklicher Zufall. Spermium und Eizelle verbinden sich miteinander. Heißa! – ein neuer Mensch beginnt sich zu bilden. Ich stelle mir vor, wie Gott im Moment der Befruchtung ein begeistertes Ja!! ruft und die Engel im Himmel applaudieren. Auf der biologischen Ebene ein Zufall. Aber auf der geistigen Ebene ein Schöpfungsakt Gottes! In dem Moment, als dieser Mensch entstand, hat Gott ihm den Lebensgeist eingehaucht, der den Menschen zu einem gewollten und geliebten Wesen macht.

GOTTES EBENBILD

In der Schöpfungsgeschichte am Anfang der Bibel steht: »Gott schuf den Menschen nach seinem Bilde, zum Bilde Gottes schuf er ihn. Und er schuf sie als Mann und Frau.« Gott spiegelt in einzigartiger Weise seine göttlichen Attribute im Menschen: Er hat ein denkendes und wollendes Ich mit Vernunft, Moral, Kreativität und vor allem mit der Fähigkeit zu lieben. Mit einem Wort: Gott ist Personalität und reflektiert diese im Menschen. Personalität heißt, dass der Mensch sich seiner selbst bewusst ist und sich selbst als Gegenüber hat. Darum ist er unentwegt mit sich selbst im Gespräch, beurteilt sein Verhalten, lobt oder kritisiert, fordert sich selbst heraus, spornt sich an oder nimmt sich zurück. Er besitzt einen freien Willen. Er kann selbstreflektiert antworten. Darum ist er auch verantwortlich. Der Gott, den die Bibel uns vorstellt, ist nicht eine unpersönliche Energie. Er fühlt, er liebt, er hat Sehnsucht, er ist enttäuscht und traurig. Er ist kreativer Wille. Aus Liebe hat er sich ein personales, denkendes, wollendes, kreatives Gegenüber geschaffen: den Menschen. Gott möchte Gemeinschaft mit uns. Das ist unsere tiefe und einzigartige Bestimmung. Die personale Dimension, die uns zu geistig-spirituellen Wesen macht, unterscheidet den Menschen vom Tier. Wir sind auf Gott hin geschaffen. Gott ist Liebe, und er möchte geliebt werden.

ZUR FREIHEIT BESTIMMT

Liebe hat eine Voraussetzung: Freiheit. Ohne Freiheit keine Liebe! Ich könnte vielleicht meinen Computer so programmieren, dass er mir jeden Tag versichert: »Hi Alex, wie wunderbar, dass es dich gibt. Ich schätze und liebe dich.« Das wäre albern, aber vor allem wäre so ein Statement meines Rechners völlig wertlos. Warum? Sein Bekenntnis zu mir wäre nicht das Ergebnis eines freien Willens, sondern meiner Programmierung. Wenn meine Frau mir dagegen sagt, dass sie mich liebt, dann ist das unfassbar wertvoll. Und es macht mich glücklich. Denn sie ist frei, mir auch das Gegenteil zu sagen und mich zu verlassen. Die Freiheit des Menschen ist also die Voraussetzung für Liebe. Und eben weil der Mensch frei ist, darum ist auch das Böse möglich. Immer wieder fragen Menschen: Warum gibt es so viel Böses in der Welt? Wie kann Gott das zulassen? Wer Liebe will, muss auch Freiheit wollen. Wer Freiheit will, riskiert das Böse, das der Mensch wählen kann.

GEFALLEN UND DENNOCH GELIEBT

Die Bibel erzählt ziemlich am Anfang in der Beispielgeschichte von Adam und Eva, wie das Böse in die Welt kam. Der Mensch akzeptiert die von Gott gesetzte Grenze nicht und verliert alles: das Paradies, die Freundschaft mit seinem Schöpfer, seine Würde, seine Unschuld und seine Unbefangenheit. Die christliche Tradition nennt dies den Sündenfall. Dieser wichtige Begriff bezeichnet einen Bruch in der Beziehung zwischen Gott und Mensch, einen Riss, der die ursprüngliche Harmonie und Vollkommenheit der Schöpfung stört. Dadurch wurde die Gottesebenbildlichkeit des Menschen beschädigt und seine menschliche Natur verdorben. Dennoch ist die Gottesebenbildlichkeit im Wesen des Menschen noch vorhanden, wenn auch kontaminiert. Das bedeutet: In jedem Menschen, auch im schlimmsten Verbrecher, ist noch etwas von der Würde und dem Glanz Gottes vorhanden.

DIE WÜRDE DES MENSCHEN

Es gibt keine radikalere Begründung der Gleichheit und Würde jedes Menschen als der christlich-jüdische Gedanke der Geschöpflichkeit und Gottesebenbildlichkeit des Menschen. In »Verantwortung vor Gott und Menschen« spricht das deutsche Grundgesetz jedem Menschen eine »unantastbare Würde« zu. Diese Würde können wir uns nicht selbst geben. Sie ist uns gegeben. Sie liegt in Gott begründet. Er verleiht sie dem Menschen. Darum gehört die ausdrückliche Nennung Gottes in das Grundgesetz. Die Würde des Menschen ist ohne Gott sehr wohl antastbar. Was sich der Mensch selbst zulegt, kann ihm genommen werden. Wenn der Mensch Gott abschafft, dann besteht die Gefahr, dass der Mensch auch den Menschen abschafft. Die zwei großen Ideologien des 20. Jahrhunderts, Nationalsozialismus und Kommunismus, verbindet bei aller Unterschiedlichkeit, dass sie atheistisch waren. Es ist leichter, Zufallsprodukte einer mechanistischen Evolution umzubringen als geliebte Geschöpfe Gottes. Die Würde des Menschen wurde relativiert und neu definiert. Wenn der Mensch seine Würde nicht von Gott bekommt, sondern der Mensch sich anmaßt, seine Würde durch Rasse, Herkunft, Einstellung oder Nützlichkeit zu definieren, dann sind die Tore weit dafür geöffnet, dass ganzen Gruppen von Menschen oder gar Völkern das Recht zum Leben abgesprochen wird. Die Nazis sprachen von lebensunwertem Leben und unterteilten die Menschheit in Herrenmenschen und Untermenschen. Jeder göttliche Maßstab über die Würde des Menschen wurde der nationalsozialistischen Ideologie unterworfen. Das Resultat: ein fürchterlicher Krieg mit über 50 Millionen Toten und KZs, in denen sechs Millionen Juden vergast und unzählige Behinderte, Kranke, Zigeuner, Homosexuelle, ideologische Gegner wie Kommunisten und Christen umgebracht wurden. Die Bilanz des Kommunismus ist nicht weniger schrecklich: Massenhaft brachten Stalinisten und Maoisten die um, die sie für ihre Gegner hielten: Menschen, die der Durchsetzung ihrer totalitären Ideologie und dem Voranschreiten der Weltrevolution im Wege standen. Die vorsichtige Bilanz: Circa 100 Millionen Ermordete gehen auf das Konto linksradikaler Ideologien. Es rächt sich fürchterlich, wenn wir die Existenz des Menschen von einem Schöpfergott abschneiden. Der Atheismus in Verbindung mit der Errichtung einer Diktatur hat mehr Elend und Leid über diese Welt gebracht als alle Religionen zusammen.

14. FASZINATION: DAS GLÜCK DES LEBENS

WER IST GLÜCKLICHER?

In meiner Studentenzeit in den 80er Jahren in Leipzig, also während der DDR-Diktatur: Wir hatten uns mit der Hausbesitzerin gegen die staatliche Wohnungsverwaltung verbündet und ein altes marodes Hinterhaus mitten in der Messestadt »besetzt« und eine Art freies Studentenwohnheim gegründet: Germanisten, Mediziner, Theologen, Journalisten. Oft saßen wir bis in die Nacht in einer der Wohnungen beisammen und diskutierten uns die Köpfe heiß: über Politik, Musik, Literatur, Religion. Wir waren eine denkbar bunte Mischung: Kommunisten, Regimegegner, Atheisten, Katholiken, Evangelische und ein Bhagwan-Jünger. Was uns vereinte: Wir hatten alle das DDR-Regime gründlich satt. Was uns heftig unterschied: religiöse Überzeugungen. Ich erinnere mich an eine besonders hitzige Diskussion. Das Streitthema: Wer ist glücklicher? Die mit oder die ohne Gott? Auf der einen Seite streitbare Atheisten. Sie priesen die Vorzüge eines Lebens ohne Religion. Für sie war das angebliche Glück von Christen die reinste Spinnerei, in die sie sich hineingesteigert haben – natürlich unter Ausblendung der realen Welt. Dieses Leben hat so viel zu bieten. Wozu braucht es da noch einen Gott? Die Christen auf der anderen Seite: Sie schwärmten von der Faszination des Glaubens, von Geborgenheit, die sie durch den Glauben erleben, und von der überwältigenden

Freude der Gotteserfahrung. Sie konnten sich nicht vorstellen, wie man überhaupt ohne den Glauben an Gottes Gegenwart und Liebe glücklich sein kann. Dazwischen die Unentschlossenen: evangelisch oder katholisch vorgewärmte Zweifler und Agnostiker, die »weiß-nicht-so-recht-Leute«. Gab es einen Sieger in jener durchdiskutierten Nacht? Nein! Wir waren jung, alle mehr oder weniger glücklich, mehr oder weniger verliebt, mehr oder weniger lebenshungrig, mehr oder weniger unzufrieden mit der Welt, besonders mit der Diktatur, in der wir leben mussten.

WAS IST GLÜCK?

Jeder Mensch will glücklich sein. Schon die amerikanische Unabhängigkeitserklärung von 1776 hat das Streben nach Glück – the pursuit of Happiness – als Grundrecht eines jeden Menschen festgeschrieben. Aber was ist das nun, das Glück? Wie kann man sich und andere Menschen glücklich machen? Der Psychologe Martin Seligmann beschreibt Glück als »das Ausmaß der augenblicklich empfundenen positiven Emotionen, positiven Verhaltensweisen und der generellen Lebenszufriedenheit«.

HAPPYOLOGIE

Ein relativ junges Gebiet der Psychologie ist die Glücksforschung, auch Happyologie genannt. Dabei geht es um die Frage, was Glück ist und was Menschen glücklich macht. Sie entdecken dabei, dass Glücksgefühle durch körpereigene Glücksdrogen, Endorphine genannt, ausgelöst werden, die bei positiven Erlebnissen freigesetzt werden. Sie versetzen unser Gehirn in eine Art Rauschzustand, von den Happyologen »flow« genannt. Dieses Gefühl kann von einigen Stunden bis zu mehreren Wochen dauern. Diese Art Glücksrausch habe ich intensivst erlebt nach einem Fallschirmsprung. Ich war eine Woche lang high. Der freie Zweitausendmeter-Fall bis zum Öffnen des Schirms war ein einziges Fest für mein adrenalinverliebtes Gehirn. Doch ist das echtes Glück? Es geht doch beim Glück um ein umfassendes Lebensglück. Das ist auf jeden Fall mehr als eine euphorische Stimmung. Zumal diese Glückszustände nur von überschaubarer Dauer sind. Schon bald kehrt unser Gemütsleben zur normalen Mittellage zurück. Nachweislich sind Lottogewinner spätestens nach einem halben Jahr genauso glücklich oder unglücklich wie vor dem Gewinn.

DREI BEDEUTUNGEN

Das deutsche Wort »Glück« umfasst drei Bedeutungen. Um das zu verstehen, hilft die englische Sprache. Glück ist zum einen »luck«, der glückliche Zufall, wenn ich das Flugzeug verpasse, das später abstürzt. Dann »pleasure«; dieses Wort beschreibt das vergnügliche Glücksempfinden, das mich erfasst bei einem guten Rockkonzert, wenn meine Seele »abhebt« im Rausch von Rhythmus, Licht und Farben. Und schließlich »happiness«, das Glücklichsein, das mein Leben durchzieht mit einer wohligen inneren Zufriedenheit. Um die letztere Bedeutung geht es vor allem in diesem Kapitel. Die tiefe Sehnsucht in uns nach einem erfüllten Leben lehrt uns, dass es ein Glück gibt, das tiefer, reiner, echter, weiter, schöner, heller, klarer, vollkommener ist als die biochemischen Glückszustände unseres Gehirns im Rausch der Endorphine.

DAS GLÜCK DIESER WELT

Glück lässt sich finden in dieser Welt. Ob religiös oder säkular, christlich oder atheistisch, es gibt glückliche und unglückliche Menschen. Sie alle sehnen sich nach einem guten Leben. Sie suchen das Glück von Liebe, Familie und Freundschaft. Sie genießen das Zusammensein mit nahestehenden Menschen. Sie sind zärtlich zu Menschen und Tieren. Manche erleben Glück, wenn sie staunend die Unermesslichkeit des Universums und die Schönheit dieser Erde betrachten. Der Hauch des Glücks weht uns an, wenn ein Sonnenuntergang uns verzaubert, wenn unser Herz berührt ist von Johann Sebastian Bachs »Air«, wenn wir tanzen zu Michael Jacksons »Thriller«, wenn wir unser neugeborenes Baby in den Armen halten. Glück erfüllt uns, wenn der Arzt uns bescheinigt, dass wir gesund sind. Wir freuen uns über Erfolg. Wir leiden unter Dummheit, Habgier, Intoleranz, Lieblosigkeit, Hass. Wir sehnen uns nach einer besseren Welt. Wir erleben das Glück, wenn wir uns für etwas Gutes engagieren: sich um Geflüchtete kümmern oder Blinden eine Geschichte vorlesen. Es macht uns glücklich, wenn wir Verantwortung übernehmen, um dieses Leben lebenswerter und diesen Planeten heimischer zu machen. Wir genießen es, Kinder aufwachsen zu sehen. Wir sagen: Dieses Leben ist großartig und lebenswert.

GLÜCKSUCHER

Der New Yorker Philosophieprofessor *Richard Creel* sagt: »Das Streben nach Glück ist das zentrale, einigende und stärkste Element im Leben eines jeden Menschen«. In der Tat ist das Leben vieler Menschen eine Jagd nach dem Lebensglück. Sie sagen sich: »Ich benötige das und das, dann werde ich glücklich«. Dabei geht man wie selbstverständlich von zwei Vorentscheidungen aus: Erstens: Zur Zeit bin ich nicht so recht glücklich. Das will ich ändern. Zweitens: Es gibt Dinge in dieser Welt, die ich unbedingt brauche, um glücklich zu werden.

DAS SCHNELLE GLÜCK

Es gibt verschiedene Taktiken zum schnellen Glück. Schlagersänger Jürgen Markus singt: »Eine neue Liebe ist wie ein neues Leben«. Und so stürzt man sich glücksuchend in die nächste Beziehung. Für andere bringt der Erwerb eines neuen Autos einige Tage Glück, bis sich die Seele daran gewöhnt hat und nichts Besonderes mehr daran findet. Auch eine Reise auf die Trauminsel setzt die gesuchten Glückshormone frei. Gleichfalls hebt ein gutes Konzert die Stimmung. Auch Shoppen-gehen vertreibt den Frust vorübergehend, und eine neue Wohnungseinrichtung macht für mehrere Tage happy.

GLÜCKSJÄGER

Längerfristiger Glücksbringer sind beruflicher Erfolg, der uns Achtung und Bestätigung einbringt. Ein guter Studienabschluss und danach ein gutbezahlter Job, dann werde ich glücklich, so hoffen wir. Andere glauben, dass sie erst wirklich glücklich werden, wenn sie gut verheiratet sind und das erste Kind unterwegs ist. Indes machen viele von uns die Erfahrung, dass das große Glück mit jedem erreichten Ziel weiter in die Ferne rückt. Die Zeit verstreicht, bis uns vielleicht ein Burnout, eine Depression oder einfach nur die verzweifelte Frage nach dem Sinn des Ganzen einholt.

BIOCHEMISCHE GLÜCKZUSTÄNDE

Wenn uns beruflicher Erfolg versagt bleibt, uns das nötige Geld für neue Anschaffungen fehlt und sich auch das Glück in der Liebe nicht einstellen will, so gibt es zum Glück einen gesellschaftlich anerkannten Endorphin-Ersatz: die Volksdroge Alkohol. Für viele ist es völlig normal, sich auf chemischem Wege Glückszustände zu beschaffen. Für die Party gibt es Ecstasy-Pillen, die es möglich machen, die ganze Nacht ekstatisch durchzutanzen. Der tägliche Joint ist für viele Leute der kleine Glücksbringer gegen den Alltagsfrust. In nobleren Kreisen greift man zu Kokain. Auf jeden Fall geht es darum, dem fehlenden Glück chemisch etwas nachzuhelfen.

GLÜCK IST MEHR

Und so jagen wir nach dem Glück, immer auf der Flucht vor dem Frust des Alltags oder der inneren Öde, die sich nach einem Hochgefühl einstellt. Immer wieder spüren wir schmerzlich ein Loch ins uns, das wir mit Glück und Sinn zu stopfen versuchen. Aber es ist, als wäre die Leere in uns größer als alles, was das Leben uns zum Füllen bietet. Was bedeutet diese gefühlte Leere, diese »entsetzliche Lücke«, die wir manchmal bohrend spüren? Der christliche Glaube deutet sie als eine Art »Platzhalter«. Sie erinnert uns daran, dass das große Glück des Lebens etwas mit Gott zu tun hat und dass unser Sein bestimmt ist, Gottes Liebe zu erfahren. »In jedem Menschen ist ein Abgrund, den kann man nur mit Gott füllen«, philosophierte das Mathegenie *Blaise Pascal*. Wir sind von unserem Schöpfer als »Hohlwesen« designed. Gott hat eine Leere in unser Herz gelegt, die nur er selbst füllen kann. In jedem Menschen ist eine Sehnsucht nach Gott angelegt. Manchmal, wenn wir einmal atemlos anhalten in unserem »Run for Happyness«, ahnen wir, dass es ein Glück gibt, das tiefer, reiner, echter, weiter, schöner, heller, klarer, vollkommener ist als die biochemischen Glückstaumel unseres Gehirns. Es gibt Momente, wo wir von Schönheit überwältigt sind, etwa durch Natur, Musik oder das Lachen eines Kindes, wo wir spüren, dass wir Teil einer gigantischen, alles umfassenden Harmonie sind, eines universalen Sinnzusammenhangs. Dann befällt uns die leise Ahnung, dass wir designed sind für ein größeres Glück des Lebens. Und es gibt Momente, wo wir von Schmerz überwältigt sind, wo die Macht des Todes eine furchtbare Lücke riss und wir die Endlichkeit des Daseins spüren und alles in uns aufschreit: »Das kann doch nicht alles sein«. *Augustin*, Philosoph, Theologe, Bischof und ein großer Heiliger der Kirche, hat treffliche Worte dafür gefunden. Er spricht zu Gott: »Du hast uns zu dir hin geschaffen, und unruhig ist unser Herz, bis es ruht in dir.«

FÜNF SÄULEN

Unser Lebenshaus gleicht einem Tempel auf fünf Säulen: Familie, Gesundheit, eine sinnvolle Aufgabe, Freunde bzw. nahstehende Menschen. Zu den bitteren Erfahrungen des Lebens gehört, dass die Säulen wegbrechen können. Wie gehen wir um damit? Was hilft uns, dass das Haus unseres Lebens nicht zusammenbricht? Ist glückliches Leben möglich, auch wenn diese vier Säulen unser Lebenshaus nicht mehr tragen? Es gibt die fünfte Säule: Glaube. Ihre Bestimmung in der christlichen Lebensarchitektur ist es, die tragende Säule zu sein.

1) Das Glück der Familie: Partner und Kinder

Was macht uns glücklich? Junge Menschen nannten in einer Umfrage als wichtigstes Ziel im Leben an erster Stelle, reich zu werden, gefolgt von Ruhm als zweitwichtigstem Lebensziel. Die internationale Glücksforschung indes ist sich darin einig, dass Geld und Ruhm die am meisten überschätzten Glücklichmacher sind. Vielmehr kamen alle Untersuchungen zu dem Resultat, dass gute zwischenmenschliche Beziehungen der wichtigste Faktor für das Glück sind.

Es gibt wohl kaum einen Zustand, in dem man intensiver das Glück des Lebens fühlt als im Verliebtsein. Wer einen Menschen liebt, sitzt der Bestimmung des Lebens auf dem Schoß. Im Glücksranking belegen das Zusammensein mit einem geliebten Menschen und eigene Kinder die beiden Spitzenplätze. Glücklich zu preisen ist der Mensch, der jemand gefunden hat, mit dem er in einer Liebesbeziehung alt werden kann. Doch das Glück der Liebe muss eingebettet sein in einen größeren Zusammenhang. Der Glaube an einen liebenden Gott nimmt den geliebten Menschen nicht als selbstverständliches Glück, sondern er empfängt ihn als Aufgabe aus Gottes Hand. Das hat zwei Gründe:

Erstens kann kein Mensch unsere unersättliche Sehnsucht nach Annahme und bestätigender Liebe stillen. Wir würden einander total überfordern. Unser Verlangen würde den anderen missbrauchen als den großen Glücksbringer. Er müsste leisten, was nur Gott kann, nämlich das große, umfassende Lebensglück für uns, seine Geschöpfe, zu sein. Gott ist es, für den unser Herz geschaffen wurde, der unserem Leben Glück und Gelingen schenkt über den Tod hinaus. Keine menschliche Liebe kann uns das Maß an Liebe schenken, für das wir designed sind. Viele Beziehungen zerbrechen, weil man einander überfordert. Enttäuschte Erwartungen sind ein Beziehungskiller erster Ordnung.

Zweitens: Wenn ein Mensch unser großes und einziges Lebensglück ist, dann stürzen wir in abgrundtiefe Verzweiflung und Hoffnungslosigkeit, wenn der geliebte Mensch stirbt oder wenn eine Beziehung zerbricht. Ein tragfähiges Lebensglück muss auch vor der Realität des Todes und dem Scheitern von Beziehungen bestehen können. Der Glaube möchte uns eine tiefe Geborgenheit schenken, einen letztgültigen Halt, der uns bewahrt vor den Totalabstürzen des Lebens, die in Drogensucht, Verwahrlosung oder sogar Suizid münden können.

Das Zusammensein mit eigenen Kindern macht glücklich. Wenn man zum ersten Mal sein Baby im Arm hält, ist das ein überwältigendes Gefühl. In keinem anderen Augenblick spürt man das Geheimnis des Lebens so intensiv. Sein Kind zu behüten und es beim Aufwachsen und beim Kennenlernen der Welt zu begleiten, gehört zu den schönsten Aufgaben des Lebens. Ein Freund berichtete mir folgendes Erlebnis. Er kommt abends spät aus dem Büro nach Hause. In der Küche findet er ein Chaos vor. Verkleisterte Schüsseln, überall Zutaten, eine zerrissene Tüte. Auf dem Tisch findet er einen schokoladenverschmierten Zettel. Die krakelige Kinderschrift seiner Tochter: »Hab ich für dich gemacht. Steht im Kühlschrank. Dein Engel.« Vergessen ist die Unordnung. Mit feuchten Augen räumt er den Schlamassel auf. Er ist an diesem Abend der glücklichste Vater der Welt, weil er sich geliebt weiß.

Kinder sind nicht nur eine Quelle des Glücks. Sie machen Probleme und geben Anlass zu großer Sorge. Laut

Glücksforschung ist der Unterschied zwischen Paaren mit Kindern und kinderlosen Paaren nur gering. Das Wissenschaftszentrum Berlin für Sozialforschung fand heraus, dass nur die Mütter glücklicher sind als kinderlose Frauen, die halbtags arbeiten oder ganz daheim bleiben. Eltern sind vor allem dann zufriedener, wenn sie sich wirklich engagiert um ihr Kind kümmern können. Außerdem gibt es eine steigende Zahl von Paaren, die sich sehnlichst ein Kind wünschen, aber aus medizinischen Gründen kein Kind bekommen können. Paare, die eigene Kinder haben, stehen irgendwann vor der schwierigen Herausforderung, dass die Kinder das Heim verlassen und eigene Wege gehen. Ich weiß noch, wie ich mich fühlte, als mein fast erwachsener Sohn in eine WG zog. Ich stand mit schwerem Herzen im halb leergeräumten Kinderzimmer und wusste, dass auch für mich eine neue Lebensphase beginnt und dass nun mein Glück im Loslassen und im Begleiten meines Jungen auf Abstand besteht. Und ich musste neu für mich klären, was die eigentliche Quelle meines Glücks ist: mein Glaube an einen liebevollen Gott, der mit mir und meiner Frau durchs Leben geht bis zu dem letzten großen Ziel unserer Lebensreise.

2) Das Glück: Gesundheit

»Neun Zehntel unseres Glücks beruhen allein auf der Gesundheit« behauptet der Philosoph *Arthur Schopenhauer*. Sicherlich sind Gesundheit und körperliches Wohlbefinden Voraussetzung, um sich glücklich zu fühlen. Dennoch ist Gesundheit als Glücklichmacher ein überbewerteter Faktor. Das hat zwei Gründe:

Erstens scheidet Gesundheit als Glücksfaktor bei jungen Leuten zumeist aus, da sie im Allgemeinen gesund sind und Gesundheit für sie weithin ein selbstverständliches Gut ist. Laut Glücksforschung macht Gesundheit vor allem dann glücklich, wenn uns deren Vergänglichkeit bewusst wird. Glücksauslöser bei der jungen Generation sind vor allem Nervenkitzel, Verliebtsein, Abenteuer und sportliche, kulturelle oder intellektuelle Herausforderungen. Junge Menschen erleben Gesundheit als Glücksfaktor meistens erst dann, wenn durch Krankheit, Unfall oder einen Schicksalsschlag die Fragilität und Bedrohtheit des Lebens den Erfahrungshorizont betreten. Bei der älteren Generation, also so etwa ab 60, führt das Erleben von Gesundheit häufig zu einer wohligen Zufriedenheit und dem Empfinden von Glück trotz gesundheitlicher Einschränkungen. Eben weil Älteren bewusst ist, was für ein vergängliches Gut Gesundheit ist, wird sie als glücklichmachende Gabe erlebt. Überhaupt ist das Glück bei dieser Generation weniger spektakulär. Es sind eher die leisen Formen des Glücksgefühls, das sich manifestiert in einer allgemeinen Gelassenheit und grundsätzlichen Zufriedenheit mit dem Leben, wie es nun mal ist.

Zweitens gibt es offensichtlich ein tiefes Lebensglück auch bei Menschen, deren Leben durch Krankheit und schwere Schicksalsschläge massiv eingeschränkt und beschädigt ist. Die weit verbreitete Parole »Hauptsache gesund« ist ein brutaler Satz. Für chronisch Kranke bedeutet er, dass sie verurteilt sind, ein unglückliches Leben führen zu müssen. Es gibt aber zahlreiche Beispiele von Menschen, die ein glückliches und sinnerfülltes Leben haben, obgleich sie permanent von starken Schmerzen heimgesucht werden, ein Leben voller Einschränkungen führen müssen oder auf einen Rollstuhl angewiesen sind und ständige Hilfe und Begleitung von Pflegepersonen brauchen.

Ein Aufsehen erregendes Beispiel dafür, wie sich ein Mensch von einem schweren Unfall zu einem aktiven Leben voller sinnstiftender Herausforderungen hochkämpfte, ist *Samuel Koch*. Millionen Menschen waren Zeugen am Fernseher, als der 23-Jährige Profiturner in der Sendung »Wetten dass..?« im Dezember 2010 einen folgenschweren Unfall hatte. Er sprang über ein fahrendes Auto, stieß dabei mit dem Kopf gegen das Fahrzeug und brach sich viermal das Genick. Seitdem ist Samuel Koch vom Hals abwärts querschnittsgelähmt. Er muss im Rollstuhl sitzen und benötigt permanent eine Pflegekraft für viele alltägliche Dinge. Ich lernte diesen Stehaufmann letzten Sommer auf einer christlichen Konferenz kennen, bei der wir beide als Sprecher auftraten. Ich war fasziniert von seiner warmherzigen Art, dem feinen Humor und seinem christlichen Glauben. Von Bitterkeit, Selbstmitleid und Resignation keine Spur, stattdessen Neugier, Lebenslust und Tatendrang. Samuel Koch absolvierte nach seinem Unfall eine Schauspielausbildung, spielt an verschiedenen Theatern und in Filmen mit, engagiert sich für zahlreiche soziale Projekte, unterstützt diverse Stiftungen und präsentierte in seiner »Schwerelos-Show« seine Lust, die Gravitation zu überwinden. Seit 2016 ist er glücklich verheiratet. Er schreibt auf seiner Homepage: »Ich Holzkopf bin mit dem Kopf gegen ein Auto gerannt und habe mir viermal das Genick gebrochen. Seitdem war es nicht immer einfach. Aber möglich. Das Leben geht weiter ... als man denkt. Man kann auf jedem Niveau klagen, aber auch auf jedem Niveau glücklich sein.«

Nick Vujicic wurde ohne Arme und Beine geboren. Nach schweren Jahren des Ringens fand er ein Ja dazu, dass Gott ihn so will, wie er ist – mit einer Behinderung. Heute ist Nick ein bekannter Motivationssprecher, der rund um den Globus die Arenen füllt. Er sagt »Wenn Gott einen Mann ohne Arme und Beine nutzen kann, Seine Hände und Füße zu sein, dann wird er definitiv jedes suchende Herz für sich gewinnen.«

Ich kann mir nur schwer vorstellen, dass Menschen mit solchen furchtbaren Handicaps glücklich sein können. Aber es gibt viele Beispiele dafür, dass ein erfülltes und glückliches Leben trotz schwerer Krankheit möglich ist, weil im Menschen offensichtlich Kräfte schlummern, die sie instand setzen, dem Schicksal mit Entschlossenheit, Lebensmut und Glauben entgegenzutreten. Es gibt verschiedene Quellen des Glücks wie Freunde, Abenteuer, eine sinnstiftende Aufgabe, beruflichen Erfolg und das Zusammensein mit geliebten Menschen. Aber der Glaube an einen liebenden Gott ist die herausragende Ressource, weil der Glaube dem Leben eine tiefe Sinnhaftigkeit und Würde gibt und Leid und Tod relativiert. Der Glaube löst die menschliche Existenz heraus aus den Grenzen von Diesseitigkeit und Zeitlichkeit und eröffnet eine neue Dimension.

3) Das Glück: Eine sinnvolle Aufgabe

Jeden Tag fährt Erika mit ihrem alten Kombi Supermärkte und Bäckereien ab, um Lebensmittel einzusammeln, die sonst im Müll landen würden, weil das Verfallsdatum naht. Äpfel, Brot, Nudeln, Joghurt, den Kuchen von gestern bringt die ältere Dame zu einer Ausgabestelle. Dort können sich bedürftige Menschen für wenig Geld oder sogar kostenlos lebensnotwendige Dinge abholen. Bis in die Nacht ist Erika manchmal unterwegs. Ihr Pfarrer ermahnt sie: »Kümmern Sie sich mehr um sich selbst! Sie arbeiten zu viel. Ich befürchte, dass sie sich ausnutzen lassen.« Erika antwortet: »Soll das ein Witz sein? Diese Aufgabe gefunden zu haben, ist das Beste, das mir passieren konnte. Es macht mich glücklich, etwas für andere zu tun«.

Wir Menschen sind so geschaffen, dass wir etwas brauchen, wofür wir leben und uns engagieren: ein sinnvoller Beruf, eine wichtige Aufgabe, ein begeisterndes Hobby, ein Engagement, das andere glücklich macht, eine Lebensaufgabe wie z. B. Mutter sein. In der biblischen Schöpfungsgeschichte gibt Gott dem Menschen die Erde als Garten, »dass er ihn bebaue und bewahre«. Arbeit ist eine von Gott gegebene Aufgabe. Das Gelingen von Leben hängt auch damit zusammen, dass wir für uns und andere sorgen und diese Welt mitgestalten.

Was geschieht, wenn z. B. junge Menschen den Aufgabencharakter des Lebens nicht annehmen? Sie werden depressiv, hängen nach dem Kick des Lebens suchend in Clubs herum, jammern, dass alles sinnlos ist, und nehmen Drogen, um dem fehlenden Glück auf chemischem Wege aufzuhelfen.

Glück ist ein Nebenprodukt von Anstrengung. Unser Gehirn belohnt uns mit intensiven Glücksgefühlen, wenn wir nach harter Arbeit die Früchte unserer Mühe ernten können: ein mit Bravour bestandenes Jura-Examen, für das man jahrelang gebüffelt hat; ein klassischer Sekretär, der es als Tischler-Gesellenstück in eine Ausstellung schafft; ein Sieg nach entbehrungsreichem Training; ein Buch, an dem man monatelang geschrieben hat und das man frisch aus der Druckerei in den Händen hält.

Die Glücksforschung nennt als effektiven Glückslieferanten das Ehrenamt. Es macht unser Leben nicht nur sinnvoll, sondern glücklich, wenn wir uns mit Herz und

Hirn für etwas Gutes einsetzen: sich um Geflüchtete kümmern, beim Seniorentreff in der Kirche mitarbeiten, Körperbehinderte beim Ausflug begleiten. Eine Reihe von Studien haben gezeigt, dass Ehrenamtliche gesünder sind, bessere Blutwerte haben und länger leben. Ehrenamtliches Engagement aktiviert Bereiche im Gehirn, die reich an Dopamin sind und glücklich machen. Mindestens 20 Ehrenamtliche haben in meiner alten Gemeinde bei den Gottesdiensten am Sonntag mitgearbeitet: Musikteam (Band), Techniker für Sound und Licht, Raumordner, Begrüßungsteam, Moderation, Kinderdienst, Lektor, Küster … Wenn ich mich nach dem Gottesdienst bedankte, sage ich gern: »Ihr habt mit eurem Engagement heute wieder euer Leben um mindestens einen Tag verlängert«, was immer für Heiterkeit sorgt.

Es ist eine Illusion und eine Überforderung, wenn wir meinen, dass uns unser Beruf gefallen und glücklich machen muss. Er dient zuallererst zum Erwerb unseres Lebensunterhalts. Es muss einfach Menschen geben, die U-Bahnhöfe säubern, Seifenpulver verpacken und Leichen für eine würdige Bestattung zurechtmachen. Meistens füllen uns unsere Jobs nicht wirklich aus. Umso wichtiger ist es, sich für etwas zu engagieren, wofür man ein Herz hat. Das gewinnt im Alter an Bedeutung, wenn durch Renteneintritt eine sinnstiftende Arbeit wegfällt.

Der christliche Glaube kennt ein letztes großes Glück. Das besteht nicht darin, etwas zu leisten. Wenn man den Menschen über seine Leistung definiert, wie kann er noch glücklich sein, wenn er nichts mehr leisten kann, weil er alt ist oder krank? Besteht unser Lebensglück nur im Schaffen und Vollbringen, dann fallen wir im Alter in das furchtbare Loch der Sinnlosigkeit, wenn wir nicht mehr viel tun können und vielleicht ohne fremde Hilfe nicht mehr auskommen. Das Glück des Lebens heißt dann nicht Leistung, sondern Dasein. Das menschliche Leben hat an sich eine Würde, unabhängig von dem, was wir leisten können, allein weil es uns gibt. Diese Würde ist uns gegeben, weil Gott uns will, uns ansieht und liebt. Dass unser Leben auf diese Hoffnung gegründet ist, dafür ist Jesus Christus in die Welt gekommen.

4) Das Glück: Beziehung zu nahestehenden Menschen

Gute zwischenmenschliche Beziehungen sind eine enorme Glücksquelle. Sie sind der Schlüssel zu einem guten Leben. Das bestätigt auch die ausführlichste Glücksstudie der Welt, die »Harvard Study of Adult Development«. Seit 1938 begleiten die Harvard-Forscher knapp 2000 Menschen aus drei Generationen. Diese Studie ist bis heute einmalig, nicht nur wegen ihres langen Forschungszeitraums, sondern auch wegen ihres damals revolutionären Fokus. Die Wissenschaftler fragten nicht nur nach den Faktoren, welche die Menschen krank oder unglücklich machen, sondern sie konzentrierten sich vor allem auf die Frage, was sie glücklich macht. Studienleiter *Robert Waldinger* bringt das Ergebnis so auf den Punkt: »Wenn wir alle vierundachtzig Jahre der Harvard-Studie nehmen und sie zu einem einzigen Lebensprinzip zusammenfassen, wäre dieses: Gute Beziehungen machen uns gesünder und glücklicher.« Das trifft nicht nur für Paarbeziehungen zu, sondern generell für alle Arten von Sozialbeziehungen, ob Freunde, Nachbarn, Ehepartner, Kinder, Pflegepersonen, Verwandte oder Kollegen. Natürlich gibt es auch andere Faktoren, die unser Leben positiv beeinflussen, wie ausreichende materielle Versorgung, beruflicher Erfolg, gesellschaftliche Anerkennung und Gesundheit. All das ist nicht unwichtig, aber letztendlich geben gute Beziehungen, in denen man sich unterstützt und wertgeschätzt fühlt, den Ausschlag, ob ein Mensch glücklich oder unglücklich ist, so die Forscher. Gerade in schweren Lebensphasen ist es äußerst hilfreich, wenn wir von Menschen begleitet und getragen werden, mit denen wir uns verbunden fühlen. Menschen, die in Gemeinschaft leben, sind glücklicher und gesünder als Menschen, die einsam sind. Deren Gesundheit verschlechtert sich oft schon in der Lebensmitte, ihre Gehirnleistung lässt eher nach, und sie sterben früher.

Was macht eigentlich eine gute, die Gesundheit fördernde Beziehung aus? Es sind vor allem sechs Kennzeichen einer echten Freundschaft und engen Verbundenheit: *Erstens*, ein Freund steht gerade dann zu uns, wenn es uns schlecht geht und wir Zuwendung brauchen. Es ist nicht die Zahl der Freunde entscheidend, sondern die Qualität der Freundschaft. Robert Waldinger nennt ein Kriterium für eine gute Freundschaft: Gibt es in deinem Leben Menschen, die du mitten in der Nacht anrufen könntest, wenn es dir schlecht geht und du Hilfe brauchst? Wem auf diese Frage mindestens eine Person einfällt, der ist signifikant glücklicher als jemand, der keinen einzigen Namen nennen kann, so der Experte. *Zweitens*, ein Freund zeigt emotionale Nähe. Ein Freund ist jemand, der von Herzen Anteil nimmt, uns den Arm um die Schulter legt und uns tröstet und ermutigt. Der aber auch lachend mit uns unter dem Tisch liegt. Ein Freund beschenkt uns mit Dingen, die wir lieben. *Drittens*, ein Freund akzeptiert uns, wie wir sind. Er steht zu uns, auch wenn wir Fehler machen oder uns irren. *Viertens*, ein Freund korrigiert uns liebevoll und verständnisvoll. Dort, wo uns ein Freund annimmt, wie wir sind, entsteht das Vertrauen, das nötig ist, um Korrektur anzunehmen. Kritik ohne Vertrauen kann eher verletzen. *Fünftens*, ein Freund interessiert sich für uns, für das, was uns bewegt, was uns freut und was uns ängstet. Und *sechstens*, ein Freund hält uns die Treue in Gedanken, Worten und Taten. Er bekennt sich zu uns und lässt es nicht zu, dass in seiner Gegenwart über uns hergezogen wird.

Das bedeutet, wir müssen in die Qualität von Beziehungen investieren. Unter diesem Aspekt ist es ein Fehler, wenn der Besuch eines Fitnessstudios eine höhere Priorität hat als der Besuch einer Freundin im Krankenhaus. Es ist eine Entscheidung gegen unser Lebensglück, wenn wir mehr Energie in die Karriere investieren als in Freundschaft. Wenn warmherzige Beziehungen der zentrale Faktor für echtes, langfristiges Glück sind, dann ist es sinnvoll, unsere Freundschaften, unsere Verhältnisse zu Partner, Kindern, Eltern, Geschwistern über alles andere in unserem Leben zu stellen.

Was bereuen Menschen, wenn ihr Leben zu Ende geht? *Bronnie Ware*, eine Palliativpflegerin, die viele Menschen am Sterbebett bis zum Tod begleitete, schrieb darüber ein Buch: »5 Dinge, die Sterbende am meisten bereuen«. Sie berichtet darin von Sterbenden, die sich heftige Vorwürfe machen, dass sie den Kontakt zu nahestehenden Menschen vernachlässigt haben.

5) Das Glück: Glaube

Macht Glaube glücklich? Mitte der 90-iger Jahre geriet die Frage, ob Religion förderlich ist für die Gesundheit und das Wohlergehen, in den Fokus wissenschaftlichen Interesses. Viele Studien und wissenschaftliche Publikationen entstanden. Sie belegen, dass es einen signifikanten Zusammenhang gibt zwischen Glauben und Gesundheit, Spiritualität und Glück. Glaube kann gesund und krank machen. Religion kann einen enormen Einfluss auf das Leben haben, im Positiven wie im Negativen. Ob eine Religion sich destruktiv auf Glück und Wohlbefinden auswirkt, hängt von der Vorstellung ab, welche die Gläubigen von Gott haben. Wenn das Gottesbild von Liebe und Gnade bestimmt ist, dann sind die Auswirkungen auf das Leben positiv. Dann erleichtert der Glaube die Bewältigung von Stress, beschleunigt Genesungsprozesse und fördert die Resilienz in Lebenskrisen, so die Forscher. Die Studien belegen statistisch, dass der Glaube an einen gütigen Gott zu einem höheren Grad seelischer und körperlicher Gesundheit führt und das Leben stabilisiert. Die Gläubigen konsumieren weniger Drogen und Alkohol als die Nicht-Gläubigen und haben eine niedrigere Scheidungs- und Selbstmordrate.

Umgekehrt fanden die Forscher heraus: Wenn das Gottesbild ein gnadenloser und strafender Gott ist, der den Menschen mit strengen Forderungen reglementiert, bedingungslosen Gehorsam abverlangt und diejenigen hasst und bestraft, die sich nicht unterwerfen, dann sind Angst, Minderwertigkeit und Schuldgefühle die Folge. Der Glaube an diesen Gott beschädigt das Selbstwertgefühl, begünstigt Depressionen und fördert Feindseligkeit gegen Ungläubige. Der Glaube an einen gütigen Gott dagegen tut gut und macht stark.

Das bedeutet, der Glaube kann ein enormer Glücksmacher sein. Was daran macht glücklich? Das reinste Glück habe ich in meinem Dienst als Pfarrer und Gemeindegründer gesehen, wenn Menschen sich bekehren und die Vergebung ihrer Schuld erfahren. Da wird eine unglaubliche

Freude und ein überfließender Jubel frei. Viele Menschen weinen vor Glück. Die Tiefendimension und Emotionalität dieser Erfahrung kann man nur verstehen, wenn man die Dimension der Entfremdung des Menschen von Gott kennt. Das Leben vieler Menschen ist fremdbestimmt. Sie leiden unter der Knechtschaft zerstörerischer Kräfte und Versuchungen. Sie hoffen und ahnen, dass es ein anderes Leben gibt in Würde und Freiheit. Mit dem Glauben und der Erfahrung von Vergebung und Neuanfang bekommen sie Zugang zu himmlischen Ressourcen der Motivation und Lebenskraft. Wo das geschieht, wird das große Glück des Lebens erfahren: Gott nimmt mich an. Ich darf frei aufatmen. Ich kann mir wieder in die Augen schauen, und ich kann bestehen vor meinem Gott, der mich unaussprechlich liebt.

Das Glück des Glaubens ist auch die unbegreifliche Erfahrung reiner und vollkommener Liebe, die uns geschenkt wird durch Jesus Christus und durch das Kommen des Heiligen Geistes. »Die Liebe Gottes ist ausgegossen in unsere Herzen durch den Heiligen Geist« schreibt der Apostel Paulus im Römerbrief. Liebe ist der Inbegriff dessen, was wir suchen, wonach wir uns sehnen und was wir brauchen. Die menschliche Natur lehrt uns, dass es ohne Liebe, ohne Sinn, ohne Freiheit, ohne Hoffnung für die Zukunft, ohne das Gewähren und Empfangen von Vergebung, kein wirklich erfülltes Leben geben kann. Eine säkulare Kultur, die nur aus dem Diesseits schöpft, ist schnell am Ende mit ihren Ressourcen an Sinn, Glück, Ermutigung, Identität, Befreiung und Hoffnung. Es gibt ein letztes, großes und stilles Glück, wenn der Mensch von der tiefen Gewissheit erfasst und getröstet ist, dass es einen liebenden Gott gibt, der mein Leben in der Hand hält und der mich bestimmt hat zur unvorstellbaren, nicht endenden Gemeinschaft mit ihm und mit seinen Geschöpfen in Gottes neuer Welt. In *diesem* Leben ist das innerweltliche Glück bedroht von Leid, Verlust, Tod, Krankheit und Sinnlosigkeit. Es gibt Zeiten und Schicksalsschläge, in denen eine säkulare Weltanschauung, in der es nur diese Welt gibt, total versagt. Sie ist nicht imstande, das zu geben, was uns befähigt, der Endlichkeit alles Weltlichen ins Angesicht zu blicken. Es gibt ein Glück, das nicht von den Umständen abhängt. Es gibt einen Sinn, den nicht einmal das Leid zerstören kann. Es gibt eine Identität, die nicht auf unserer Herkunft oder Leistung beruht, sondern auf der Zusage Gottes, der uns eine grandiose Würde verleiht, eine Hoffnung, die die Welt überwindet, sogar den Tod.

15. FASZINATION:
DIE WIEDERGEBURT ISRAELS

»Wer nicht an Wunder glaubt, ist kein Realist« sagte David Ben Gurion in Anbetracht der Gründung des Staates Israel 1948. Fast 2000 Jahre waren die Juden ein über die ganze Erde verstreutes Volk ohne eigenes Land, ohne eigene Sprache, diskriminiert, verfolgt, gedemütigt, verspottet. Zuletzt versuchte man es auszurotten. Die Hälfte aller europäischen Juden wurde von den Nazis ermordet. Und an dem Tiefpunkt des jüdischen Volkes entstand der Staat Israel, gegründet von ein paar hunderttausend Juden, die zum großen Teil dem Nazi-Völkermord entkommen waren: traumatisiert, arm, halbtot, heimatlos, verfolgt. Die UNO hatte ihnen ihre alte Heimat als Zufluchtsland zugewiesen.

Die Leidensgeschichte begann vor langer Zeit im Jahre 70 n. Chr. als römische Truppen mit brutaler Gewalt den Widerstand der Juden gegen ihre Besatzer niederschlugen, das Land verwüsteten, die Hauptstadt Jerusalem und den Tempel zerstörten. Ein Großteil der jüdischen Bevölkerung wurde getötet oder versklavt. Den Juden war es fortan verboten, in Israel zu wohnen. Dies führte zu der großen Diaspora, bei der die Juden im Römischen Reich und später über die ganze Welt zerstreut wurden. Um das Andenken an Israel für alle Zeit auszumerzen, benannten die Römer Israel in Palästina um. Die Geschichte des Volkes Israel ist nicht nur eine Geschichte des Leides, es ist auch eine der Wunder. Das erste Wunder, das ins Auge fällt: Die Juden bewahrten über fast zweitausend Jahre ihre Identität als eigenständiges Volk, obwohl sie in zahllose Nationen zerstreut waren und dort als verachtete Minderheit lebten. Während das jüdische Volk an seiner Religion und Kultur durch die Geschichte der Diaspora hindurch festhielt, waren beispielsweise die deutschen Einwanderer nach Amerika schon in der 2. Generation völlig aufgegangen und assimiliert in der US-amerikanischen Kultur und Identität. In Europa entwickelte sich im 19. Jahrhundert ein zunehmend judenfeindliches Klima. Unter dem Eindruck eines wachsenden Antisemitismus erkannte der österreichische jüdische Journalist *Theodor Herzl*, dass Juden selbst im westlichen Europa der Diskriminierung ausgesetzt sind. Daher sah er in der Gründung eines eigenen jüdischen Staates die einzige Möglichkeit, um frei von Diskriminierung und Verfolgung leben zu können. Herzls Idee wurde 1896 in dem Buch »Der Judenstaat« veröffentlicht. Darin skizzierte er seine Vision eines souveränen Staates und wurde damit zum Initiator des politischen modernen Zionismus und zum Inspirator der späteren Gründung des Staates Israel. Obwohl Herzl kein frommer Jude war, ist er doch eine prophetische Gestalt fast biblischen Formats. Gott gebrauchte diesen kühnen Denker, um eine alte göttliche Verheißung in das Bewusstsein der Juden zu bringen, die 50 Jahre später Realität werden sollte. In der Bibel wird in mehreren Passagen die zweimalige Rückkehr der Juden zuerst aus der Deportation in Babylon, dann aus der weltweiten Zerstreuung angekündigt: Der Herr »wird für die Nationen ein Zeichen aufrichten. Er wird die aus Israel Vertriebenen zusammenbringen und die aus Juda Verstreuten sammeln von den vier Enden der Erde« (Jesaja 11,12). »Dann wird der Herr, dein Gott, dein Geschick wenden und sich deiner erbarmen und dich wiederum sammeln aus allen Völkern, unter die der Herr, dein Gott, dich zerstreut hat« (5. Mose 30,3). »Siehe, ich will eure Gräber öffnen und euch, mein Volk, aus euren Gräbern heraufbringen, und ich will euch wieder in das Land Israel bringen« (Hesekiel 37,12). Diese Prophezeiungen inspirierten das zionistische Denken, während die Gründung eines Judenstaates in den Augen der Welt eine völlig absurde Idee war. Aber in vielen jüdischen Herzen wurde eine Hoffnung geboren. Das war das zweite große Wunder der neueren jüdischen Geschichte. 1897 wurde der 1. Zionistische Weltkongress unter Vorsitz von Theodor Herzl in Basel einberufen. In der Folge kamen tausende Juden aus verschiedenen Teilen der Welt nach Palästina, kauften dort Land und begannen ein neues Leben in ihrer alten Heimat – das dritte Wunder. Durch den Holocaust, in dem 6 Millionen Juden ermordet wurden und die Überlebenden heimatlos waren, bekam der Zionismus einen enormen Auftrieb. Nach dem, was die Juden erleben mussten, gab es für sie nur *einen* Weg, um in Freiheit und ohne Verfolgung leben zu können: die Gründung eines eigenen Staates. Die internationale Gemeinschaft sympathisierte mit der Notwendigkeit eines sicheren Hafens für das jüdische Volk. Bereits 1917 wurde in der Balfour-Erklärung der Regierung Großbritanniens festgelegt, die »Errichtung einer nationalen Heimstätte für das jüdische Volk in Palästina« zu fördern. Von 1920 bis zur Errichtung des Staates Israel war Palästina durch die Entscheidung des Völkerbundes britisches Mandatsgebiet. Das Ziel des Mandats bestand darin, eine Heimat für das jüdische Volk zu schaffen und gleichzeitig die Rechte der Araber in der Region zu schützen. 1947 beschloss die UN-Vollversammlung einen Teilungsplan, der die Errichtung von zwei Staaten vorsah, einen jüdischen und einen arabischen. Die jüdischen Führer akzeptierten diesen Plan. Bei den arabischen Staaten stieß er auf heftige Ablehnung. Am 14. Mai 1948 verlas David Ben-Gurion die Unabhängigkeitserklärung. Der Staat Israel war gegründet – das vierte Wunder. Noch in der Nacht nach Ausrufung des jüdischen Staates marschierten die Truppen der arabischen Nachbarländer in das neugegründete Land ein. In den Kriegen gegen Israel ging es von Anbeginn bis heute nicht nur darum, den Judenstaat zu vernichten, sondern das jüdische Volk in Palästina auszulöschen. Das besagt die Losung »From the River to the Sea, Palestine will be free«. Der Generalsekretär der arabischen Liga, *Azza Pascha*, erklärte am 15. Mai 1948 auf einer Pressekonferenz in Kairo das Ziel des Krieges: »Es wird ein Ausrottungskrieg und ein gewaltiges Blutbad sein.« Die Chancen, dass das junge Israel diesen Krieg gewinnen könnte, waren äußerst gering. Es gab nur einige Verbände von Untergrundkämpfern, aber noch keine israelische Armee. Israel besaß noch keine Luftwaffe, keine schweren Waffen, keine Kriegsmarine. Und dennoch siegte das Land nach Schätzung von Militärexperten gegen eine 50fache Übermacht. Ein weiteres Wunder aus der Sicht von gläubigen Menschen. Bis heute können sich viele Palästinenser - so nennen sich die Araber in Palästina seit der jüdischen Staatsgründung - nicht mit der Existenz Israels abfinden. Sie begründen das zumeist religiös. Bis heute taucht Israel in den Atlanten und Schulbüchern palästinensischer Kinder nicht auf. Bis heute werden diese Kinder zur Todfeindschaft gegen alle Juden erzogen. Für den palästinensischen Judenhass liefert außerdem eine ungeschickte israelische Siedlungspolitik immer wieder Argumente. Die Geschichte des modernen Israels ist eine Geschichte von Kriegen, in denen die Nachbarländer versuchten, Israel zu beseitigen: der Sechs-Tage-Krieg, der Jom-Kippur-Krieg, der Libanon-Krieg, die Intifada. Immer blieb Israel Sieger. Wenn nicht, so gäbe es kein Israel mehr. Bis heute hat die Terrororganisation Hamas die Ausrottung aller Juden in Palästina zum Ziel. In der Charta der Hamas, Artikel 7, wird offen, Mohammed zitierend, zum Mord an allen Juden aufgefordert: »Der Prophet – Gott segne ihn und schenke ihm Heil – sprach: ›Die Stunde wird kommen, da die Muslime gegen die Juden solange kämpfen und sie töten, bis sich die Juden hinter Steinen und Bäumen verstecken. Doch die Bäume und Steine werden sprechen: Oh Muslim, oh Diener Allahs, hier ist ein Jude, der sich hinter mir versteckt. Komm und töte ihn!‹« Das Massaker am 7. Oktober 2023 ist eine Umsetzung der Charta der Hamas. An diesem Tage drangen Hamas-Terroristen aus dem Gaza-Streifen in Israel ein und richteten ein grausames Blutbad unter Zivilisten an. Über 1300 unschuldige Zivilisten wurden ermordet, darunter Babys, Kinder, Frauen und Alte. Frauen wurden geschändet, ehe man sie tötete. 350 junge Leute, die ein Open-air-Musikfestival besuchten, wurden umgebracht, und über 254 Menschen wurden gewaltsam in den Gazastreifen verschleppt. Seit dem Holocaust sind nicht mehr solche Verbrechen an Juden verübt worden wie an diesem Tag. Als ich einige Wochen nach diesem Genozid an einer Solidaritätsreise nach Israel teilnahm, war ich bewegt, wie die Menschen dort von der festen Überzeugung und Zuversicht getragen waren, ihr Land siegreich zu verteidigen und für einen Frieden mit den Palästinensern einzutreten.

Trotz der permanenten Bedrohung Israels durch militante Islamisten, ist dieses Land eine einzigartige Erfolgsgeschichte. Vor der Staatsgründung lebten nur wenige Menschen in diesem kargen unfreundlichen Land, das zum großen Teil aus Wüste und Sümpfen bestand. Seit vielen Jahren leite ich Reisegruppen ins Heilige Land und bin Zeuge, wie das Land zu grünen begann, wie die Wüste zum Blühen gebracht wurde und Städte und Dörfer entstanden voll mit glücklichen Menschen. Trotz großer Probleme zwischen dem jüdischen Staat und der arabischen Bevölkerung in den Autonomiegebieten ist Israel ein glückliches Land. Im Weltglücksbericht (World Happiness Report) 2012 rangierte Israel auf dem 14. Platz von insgesamt 156 Ländern. 2024 belegt Israel den 5. Platz, nach Schweden und weit vor Deutschland (24. Platz). Damit gehört Israel zu den Ländern mit der höchsten Lebenszufriedenheit. Überhaupt ist die Geschichte des Staates Israels ein beispielloser Aufstieg aus Leid und Elend. Wirtschaftlich floriert das Land. Israel gilt als *die* innovative Startup-Nation. Nirgendwo sonst auf der Welt gibt es pro Kopf so viele Gründungen im High-tech-Bereich. Politisch verfügt Israel über eine funktionierende demokratische Struktur. Wenn man die schlechten Startbedingungen des Staates kennt, dann reibt man sich verwundert die Augen: Ein Volk erhob sich aus der Asche des Holocaust und errichtete in seiner alten Heimat, aus der es vor 2000 Jahren unter die Nationen vertrieben wurde, ein blühendes Land und wird zum beneideten Wunderkind unter den Nationen.

Die Geschichte Gottes mit dem Volk Israel beginnt mit Abraham. Gott beruft einen Nomaden aus Mesopotamien und sagt ihm drei Dinge: Ich gebe dir ein Land, aus dir wird ein großes Volk entstehen, und ich setze dich zum

Segen für die ganze Welt. Das ist der Beginn der Heilsgeschichte Gottes mit der Menschheit. Sie gipfelt im Kommen des Messias aus dem Volk der Juden, und sie vollendet sich im neuen Jerusalem der Offenbarung des Johannes am Ende aller Zeiten. Der Abrahambund ist die Vorbereitung zum Bund, den Gott einige Jahrhunderte später am Berg Sinai mit Mose und dem Volk Israel schließt. Zuerst stellt Gott sich als Befreier vor und führt Israel unter der Leitung von Mose aus der ägyptischen Sklaverei. Unterwegs auf der langen Wanderung von Ägypten in Richtung verheißenes Land kommt es zum Bundesschluss am Sinai. Gott verspricht, das Volk zu schützen und in das verheißene Land zu führen. Das Volk verspricht, Gott treu zu sein und die Gebote zu halten. Die sind niedergelegt in den 10 Geboten, die Moses von Gott erhält. Zeichen des Sinaibundes sind die Beschneidung und der Sabbat. Warum erwählte Gott ausgerechnet Israel zum Eigentum, um seinen Heilswillen für alle Völker zu veranschaulichen? Die Bibel bezeugt dazu: »Dich hat der HERR, dein Gott, erwählt zum Volk des Eigentums aus allen Völkern, die auf Erden sind. Nicht hat euch der HERR angenommen und euch erwählt, weil ihr größer wärt als alle Völker – denn du bist das kleinste unter allen Völkern –, sondern weil er euch geliebt hat und damit er seinen Eid hielte, den er euren Vätern geschworen hat. Darum hat der HERR euch herausgeführt mit mächtiger Hand und hat dich erlöst von der Knechtschaft des Pharaos« (5. Mose 7,6–8). Der Bund Gottes mit Israel leitete eine Geschichte ein von Abkehr und Hinwendung zu Gott, von Bündnisbrüchen und Erneuerung, von Sünde und Buße. Gott beruft Propheten, die eindrücklich versuchen, das Volk immer wieder auf den Weg mit ihrem Gott zu bringen. Der vordere Teil der Bibel, das sogenannte Alte Testament, ist das Dokument der Geschichte Gottes mit seinem auserwählten Volk.

Das Alte Testament ist voller Ankündigungen, dass Gott einen Messias aus Israel senden wird, um einen neuen Bund mit seinem Volk und schließlich mit allen Völkern zu schließen. Als Jesus kommt und sein Volk zur Liebe und Nachfolge Gottes ruft und schließlich als Verbrecher und »König der Juden« hingerichtet wird, entsprach er nicht der jüdischen Messias-Erwartung. Sie hofften auf einen Messias, der siegreich die Römer aus dem Lande jagt und das Großreich Israel, wie es unter David bestand, aufrichtet. Obwohl in Jesaja 53 ein leidender Messias angekündigt wird, der für die Sünden seines Volkes stirbt, war es nur eine jüdische Minderheit, die Jesus als den verheißenen Messias anerkannte und an ihn glaubte. Diese Minderheit begann nach der Auferstehung Jesu und der Initialzündung des Heiligen Geistes zu Pfingsten unter der Leitung der Apostel zuerst die jüdischen Glaubensgenossen für den neuen jüdischen Weg zu gewinnen. Bald trat zu den Aposteln ein neues missionarisches Schwergewicht hinzu, der ehemalige Pharisäer Paulus, der durch eine Begegnung mit dem auferstandenen Jesus zum Glauben kam. Er erkannte die Bekehrung der Nichtjuden als seine Hauptaufgabe und war darin äußerst erfolgreich. Viele sogenannte Heiden bekehrten sich, und die Kirche wuchs und verbreitete sich im gesamten Römischen Reich. Sie bestand nun zunehmend aus Christen, die aus den Heiden zum Glauben kamen. Die christlichen Juden wurden zu einer Minderheit. Schon bald, und vor allem später, als das Christentum zur römischen Staatsreligion für das gesamte Reich wurde, begann die Kirche das Judentum zu verachten, zu diskriminieren und auszugrenzen. Die Kirche hatte vergessen, dass das Christentum eine Art *Judentum light* für die Völker ist, ohne das komplizierte rabbinische religiöse Regelwerk mit seinen 613 Geboten. Eine verhängnisvolle Irrelehre formierte sich: der Antijudaismus mit seiner Ersatztheologie (Substitutionstheologie). Die besagt, Gott hat das ungehorsame Israel verflucht und verworfen und statt seiner nun die Kirche adoptiert als das neue Israel. Dabei macht Paulus in seiner wichtigsten Schrift, die wir in der Bibel finden (Römer 9–11), unmissverständlich dreierlei klar: *Erstens*: Gott liebt Israel; *zweitens*: Israel bleibt für immer Gottes erwähltes Volk; *drittens*: Israel wird Jesus als den Messias annehmen, aber Gott hat den Zeitpunkt dafür bestimmt. Anstatt dass die Kirche klar auf dem Fundament des Wortes Gottes in der Bibel steht, geriet sie unter den Geist der antichristlichen Ideologie des Antijudaismus. Aus der einst auch von Juden verfolgten Kirche wurde eine Kirche, die Juden verfolgt. Bis in die Neuzeit wurden unter der Herrschaft des Christentums Juden zu entrechteten Bürgern 2. Klasse, obgleich sie doch die älteren Geschwister der Christen sind.

Als 1948 der Staat Israel wiedererstand, war das eine Erfüllung zahlreicher biblischer Verheißungen und ein einzigartiger Beweis für die Treue Gottes. Gott steht zu seinem Bund mit diesem Volk, das seine große erste Liebe und Erwählung ist. *Corrie ten Boom*, diese großartige Christin und Evangelistin, die in der Nazizeit Juden in ihrem Haus versteckte und dafür samt ihrer Familie ins KZ kam, sagte etwas, das für alle Christen gilt: »Du kannst als Christ nicht Gott lieben, ohne das jüdische Volk zu lieben.«

16. FASZINATION: MAUERFALL

»ALLES VOLL DDRLER«

München am 10. November 1989. Ich lebte seit knapp einem Jahr in der Bayerischen Hauptstadt, vorher in der sächsischen Oberlausitz, DDR. Es ist Freitag, fünf Uhr morgens. Brutal reißt mich das Telefon aus dem Schlaf. Die Stimme meines Bruders Arnd Joachim aus dem damaligen Westberlin überschlägt sich: »Die Mauer ist gefallen! Hier ist alles voll DDRler. Wir haben die ganze Nacht gefeiert und sind gerade nach Hause gekommen. Unsere Wohnung ist voll mit DDR-Leuten, die bei uns übernachtet haben. Das musst Du erleben. Komm so schnell du kannst nach Berlin« Blitzartig bin ich hellwach. So fühlt sich das also an, wenn man plötzlich der Geschichte auf dem Schoß sitzt, denke ich und gehe gleich am Vormittag zum Münchener PAN-AM-Büro. Deutsche Flugzeuge durften damals Westberlin nicht anfliegen. Vor der amerikanischen Fluggesellschaft ist eine Schlange. Ich bekomme einen der letzten Flüge für den nächsten Tag.

»WAHNSINN«

Einen Tag später am frühen Abend. Mein Bruder und ich an der Mauer am Brandenburger Tor, mitten in einer jubelnden Menge. Wildfremde Menschen umarmen sich.

Jemand drückt mir eine Sektflasche in die Hand. Wir trinken auf den Fall der Mauer. Arme greifen nach uns und ziehen uns nach oben. Wir tanzen auf der Mauer, lachen, jubeln, weinen. Immer wieder höre ich das Wort »Wahnsinn«. Jemand stimmt den Choral an »Nun danket alle Gott«. Wir singen mit. Wir können unser Glück nicht fassen. Wir können das Wunder nicht fassen. Ich stehe vor dem scheußlichsten Bauwerk der deutschen Geschichte, von seinen Erbauern »antifaschistischer Schutzwall« genannt, und preise Gott, dass dieser Bau seinen Zweck verloren hat. Diese verdammte Mauer, die uns hinter Stacheldraht, Selbstschussanlagen und Tretminen einmauerte in das riesige Gefängnis DDR. Diese verdammte Mauer, die die weite Welt vor uns verbarg und uns die besten Jahre raubte, Jahre, in denen der junge Mensch nach Freiheit und einer offenen Welt dürstet wie nie mehr im Leben. Diese verdammte Mauer war Geschichte geworden, und jedes laute und überschwängliche Halleluja war noch zu leise, um dieses herrliche Ereignis zu feiern. Wir ziehen weiter zum Europacenter am Kudamm. Es ist bereits nachts. Im Center erwartet uns ein unvergesslicher Anblick. Die Gänge waren vollgestopft mit jungen Leuten, die auf Isomatten saßen und lagen. Weinflaschen kreisten. Ein paar Freaks tanzten. Es roch nach Marihuana. Wir redeten mit vielen Leuten. Sie kamen aus Dresden, München, Köln, Erfurt, Hamburg, Leipzig ... Die Jugend Deutschlands feiert gemeinsam. Zwei Polizisten stehen am Rand und schauen amüsiert auf das friedvolle Treiben. Nie wieder habe ich so eine Euphorie erlebt, so ein Klima der grenzenlosen Freude und überbordenden Begeisterung. Ein einzigartiger gemeinsamer Rausch hatte uns alle erfasst und verzaubert. Was für eine Nacht! Die euphorischste Nacht meines

Lebens. Die Nacht beschließen wir in einer Kneipe irgendwo am Kudamm. Ein junges Pärchen aus Karl-Marx-Stadt, das keine Bleibe hat, nehmen wir mit in die Wohnung meines Bruders und seiner Familie.

DIE DDR – EIN UMMAUERTER GROSSVERSUCH

Fast dreißig Jahre lang habe ich diese Mauer gespürt wie einen permanenten Schmerz in der Seele, wie einen Stachel im Fleisch, wie einen Tinnitus im Ohr. Fast dreißig Jahre lang hatte diese Mauer mein Leben abgeschnürt und mich am freien Atmen gehindert. Sie steht für Ohnmacht. Sie sicherte, dass wir dem Zugriff der Stasi allezeit ohnmächtig ausgeliefert waren. Sie steht für Gefängnis. Die DDR war für viele eingemauerte Menschen, die sich an ein Leben im Käfig nicht gewöhnen konnten, ein großer Knast. Die Mauer steht für die Zerteilung der Welt in zwei waffenstarrende feindliche Systeme, ein blutender Riss, der nicht nur unser Land, die Stadt Berlin und Europa durchschnitt und unzählige Familien und Freunde trennte. Die Mauer steht aber vor allem für ein Menschenexperiment, dessen Probanden wir fast dreißig Jahre lang waren. Die DDR war ein großes Labor für einen Versuch am lebendigen Menschen, inspiriert von einer linken Ideologie. Das Ziel: eine Gesellschafstransformation, um eine fragwürdige Utopie umzusetzen, ein Erziehungsprogramm, um einen neuen Typus Mensch heranzuzüchten, den sozialistischen Ja-Sager und Konformisten. Das gesamte Versuchsgelände sorgsam abgezäunt mit Stacheldraht, Hunden, verminten Sperrzonen, Selbstschussanlagen, Wachtürmen mit MGs und Scheinwerfern. Flucht aussichtslos. Wer sie dennoch wagt, wird erschossen oder von Landminen zerfetzt.

Viele versuchen, sich mit guter Führung das Leben erträglich zu machen. Andere hoffen, dass sie wegen schlechter Führung aus dem Menschenversuch entlassen werden: kritische Texte, aufmüpfige Reden, aufrührerische Lieder, unangepasstes Verhalten, politische Westkontakte. Und einige von denen schaffen es tatsächlich. Sie dürfen das Versuchsgelände verlassen. So auch mein Bruder und ich. Andere Widerständler vermodern in den Kellern der Stasi oder werden seelisch zerstört. In den letzten Jahren des Experiments stellen einige ganz mutige Testpersonen sogar einen Antrag auf Entlassung aus dem Versuchslabor. Sie müssen heftige Repressalien fürchten. Außerhalb der Experimentierzone, jenseits von Stacheldraht und Minenfeldern, gibt es vor allem im anderen deutschen Staat sowohl Anhänger als auch Kritiker jener Utopie, an deren Umsetzung im Menschenversuch gearbeitet wird. Wer von außerhalb einen Besuch des Großlabors DDR unternehmen will, darf gegen ein Eintrittsgeld von 25 D-Mark pro Kopf und Tag die Versuchspersonen besuchen. Die linken Medien Westdeutschlands, weithin naiv und blind gegenüber einer menschenverachtenden Diktatur, bescheinigen dem Laborversuchsleiter Erich Honecker und Co., also den Verantwortlichen des großangelegten Menschenversuchs, wie sehr sie sich mühen, ihren Probanden ein angenehmes Leben zu gewähren: Arbeit für alle, Neubauwohnungen, ausreichend Kindergartenplätze, Grundnahrungsmittel und Heizung, alles spottbillig, außer den kleinen Autos, auf die man lange warten musste. Und natürlich Sicherheit und Friedhofsruhe auf dem ganzen Gelände. Nicht wenige ideologische Träumer aus dem Westen preisen einfältig das Leben im abgezäunten Versuchsgelände. Dennoch kommt keiner auf die Idee, in das sozialistische Paradies umzuziehen; bis auf ein paar linksradikale Terroristen, die nach ihren Raub- und Mordaktionen Unterschlupf und Anonymität in der DDR finden. Dann gibt es noch die Profiteure des Regimes: Staatsdiener, Kulturschaffende, Lehrer, Juristen und Ökonomen, die von den hehren Absichten der DDR-Administration überzeugt sind. Systemstützend sind auch die zahllosen Angepassten, die zufrieden sind mit dem Leben in einem Staat, der von der Wiege bis zu Bahre das Auskommen regelt und ein relativ sorgloses Leben ermöglicht, wenn man vergessen konnte, dass man sich in einem Land befindet, in dem die Menschen permanent entmündigt und die Bürgerrechte massiv eingeschränkt werden. Als das Leben immer unerträglicher wird, die Städte zerfallen, die Wirtschaft zu kollabieren droht, es an den nötigsten Konsumgütern fehlt und sich viele Menschen über die geöffnete ungarisch-österreichische Grenze in den Westen absetzen, kommen immer mehr zu der Ansicht, dass das Regime am Ende ist.

NICHT LÄNGER OBJEKTE EINES EXPERIMENTS

Wir standen vor der Mauer an jenem Novembertag 1989 und heulten Tränen der Freude. Nie wieder habe ich so erleichtert geweint. Dieses widerliche Bauwerk hatte seine Funktion verloren. Für immer. Wir begriffen, was diese Tänze auf der Mauer, dieser Freudentaumel unseres Volkes bedeuten: Das verdammte Experiment ist zu Ende, gescheitert an seinem Unrecht und an seiner Freiheitsberaubung. Die Freudentränen der Menschen im Osten gelten nicht den begehrten westlichen Waren, nicht den Reisemöglichkeiten. Die Mauer ist nicht gefallen aus Konsumgründen, sondern weil sie einen üblen Menschheitsversuch umzäunte. Die Probanden haben nicht rebelliert, damit sie endlich Bananen essen und VW fahren können. Sie haben rebelliert, weil sie nicht länger entrechtete Objekte eines Experiments sein wollen.

WENN DER HERR DIE GEFANGENEN ERLÖST

1988, ich nahm an einer kleinen christlichen Konferenz in Herrnhut in der sächsischen Oberlausitz teil. Während einer Gebetszeit sprach einer der Teilnehmer, der als geistlicher Leiter von vielen geschätzt wurde, einen Satz aus, der uns aufhorchen ließ. »Die Zeit ist gekommen, die Mauer wird fallen. Die Zeit der Gefangenschaft ist vorbei.« Sollte das wirklich ein Wort von Gott sein? Die gesamte politische Situation schien wie für alle Zeiten fest einbetoniert. Die Welt war in zwei Blöcke geteilt, die sich ideologisch, politisch und wirtschaftlich gegeneinander positioniert hatten. Die Anerkennung eines allgemeinen Status quo und die Furcht vor einem Atomkrieg verhinderten eine militärische Eskalation. Die DDR war eine hochgerüstete Diktatur mit einer äußerst effektiv arbeitenden Geheimpolizei, der Staatssicherheit. Es gab keine politische Opposition, keine freien Wahlen, keine Pressefreiheit. Die Medien waren reine Propagandainstrumente für die kommunistische Ideologie. Jeder kleinste Anflug von Widerstand wurde brutal unterdrückt. Niemand in Ostdeutschland und auch kaum jemand im Westen konnte sich vorstellen, dass die Mauer einmal über Nacht verschwinden würde. Im Gegenteil. Man hatte sich in Ost und West mit den Verhältnissen arrangiert und die Hoffnung auf eine Wiedervereinigung Deutschlands aufgegeben.

Wie war das Wunder der Maueröffnung und das Ende der DDR möglich in Anbetracht eines waffenstarrenden, totalitären, gewaltbereiten Regimes mit seiner allgegenwärtigen Staatssicherheit? Es war eine Revolution von unten ohne Gewalt, ohne Blutvergießen. Wahrscheinlich die großartigste Revolution, die es je gab. Sie wurde geboren in den Kirchen des Landes, wo die Menschen für Frieden beteten und das Evangelium des Friedens hörten, bevor sie sich zu Tausenden auf den Straßen des Landes versammelten, um für Freiheit und für ein Ende des DDR-Regimes zu demonstrieren. Der Ruf nach politischen Veränderungen war durchdrungen von dem Ruf »Keine Gewalt«. Immer wieder proklamierten die Akteure von damals biblische Texte, die sie in den Tagen des Umbruchs zum Handeln inspirierten.»Wir hatten mit allem gerechnet, nur nicht mit Kerzen und Gebeten« kommentierte der ehemalige Präsident der DDR-Volkskammer die Ereignisse. Das Christentum war das Herz dieser Revolution. Und was war der Motor? Es war die Sehnsucht nach Freiheit und einem selbstbestimmten Leben. Wolf Biermann in einem Interview im Oktober 1989: »Es geht nicht um den Mangel in der DDR, sondern um den Maulkorb, den die Menschen tragen müssen.« Sie hatten die Bevormundung und Gängelei durch das SED-Regime gründlich satt. Und sie wollten nicht länger passiv mit ansehen, wie die Städte verfallen und das Land in Armut versinkt. Ein Wort beschreibt treffend das Lebensgefühl der DDR-Bürger gegenüber dem Staat: Ohnmacht. Und in diesen Tagen der Revolution wurde aus Ohnmacht Hoffnung, aus Demütigung Wut, und aus Glauben die Kraft zum Handeln, diesem Regime friedlich, aber mutig die Stirn zu bieten. Noch im September 1989 hatte niemand mit dem Wunder einer friedlichen Revolution gerechnet, kein Politiker, kein Kirchenmann, kein Journalist, auch kein Bürgerrechtler. Das Ende der Mauer und das Verschwinden der DDR-Diktatur ist ein Geschenk des Himmels, das uns dargereicht wurde durch den Glauben und Mut unzähliger Menschen, durch eine günstige politische Großwetterlage, durch weise Politiker wie Gorbatschow, Kohl und Genscher, durch den Fluchtwillen vieler DDR-Bürger und durch das Engagement eines großartigen Papstes. Zur Maueröffnung über Nacht führte schließlich der Faux pas eines überforderten Politikers. Bei der geschichtsträchtigen Pressekonferenz am 9. November verstrickte sich das Politbüromitglied *Günter Schabowski* in konfusen Erläuterungen zur neuen DDR-Reiseregelung, weil er den Notizzettel zur Sperrfrist nicht fand. Die unfreiwillige Öffnung der Grenze zu West-Berlin in jener Nacht läutete den Untergang der DDR ein und die Überwindung der deutschen Teilung.

Ein Psalm, ein Gebet aus der Bibel, bewegte mich in den Tagen des November 1989: »Wenn der HERR die Gefangenen Zions erlösen wird, so werden wir sein wie die Träumenden. Dann wird unser Mund voll Lachens und unsre Zunge voll Rühmens sein. Dann wird man sagen unter den Heiden: Der HERR hat Großes an ihnen getan! Der HERR hat Großes an uns getan; des sind wir fröhlich.« (Psalm 126) Vierzig Jahre, so berichtet die Bibel, dauerte die Deportation Israels durch die Babylonier, bis der Herr die Gefangenschaft beendete und die Menschen zurück in ihre Heimat durften. Fast vierzig Jahre währte die Herrschaft der DDR-Diktatur mit ihrem Menschheitsexperiment. Unserem Volk wurde nach den Verbrechen von Krieg und Holocaust und dem Schicksal der Teilung unseres Landes eine neue Chance eröffnet, ein friedliches, tolerantes Land aufzubauen, in dem das Volk in Freiheit und Achtung der Menschen- und Bürgerrechte lebt. Heute schauen wir nicht ohne Sorge, aber mit Hoffnung in die Zukunft, ob unser Land einen guten Weg aus vielen Problemen findet.

17. FASZINATION: VERLOREN UND GEFUNDEN IN INDIEN

Meine erste Indienreise 2003 begann mit zwei krassen Erlebnissen. Ich war eingeladen, die Arbeit von Bischof Dr. Francis Jackson kennenzulernen. Wir kannten uns noch nicht. Der Kontakt lief über ein deutsches Hilfswerk, das mit dem Bischof zusammenarbeitet. Er hatte im südindischen Bangalore und Umgebung über dreihundert Gemeinden gegründet. Als Pfarrer und Gemeindegründer war ich neugierig, wie missionarische Arbeit in Indien funktioniert und was man daraus für Deutschland lernen kann.

Gleich zwei Desaster warteten auf mich. Als ich in Mumbai mit dem Flugzeug aus Mailand angekommen war, musste ich vom International Airport zum Domestic Airport. In zwei Stunden sollte von dort mein Anschlussflug nach Bangalore gehen. Es war Mitternacht. Die Luft war heiß und stickig. In dem lauten Gewirr von Reisenden, Bettlern, Straßenhändlern fand ich die Busshuttle-Haltestelle zum Inlandflughafen nicht. Vor dem Flughafengebäude stand ein Mann in Polizeiuniform herum. Er sprach mich an, ob ich Hilfe brauche. Ich fragte ihn auf Englisch, wo der Shuttle-Bus zum Domestic Airport abfährt? »Da nehmen sie am besten ein Taxi. Kostet 10 Dollar« meinte der Uniformierte und rief sogleich ein Auto herbei. Darin saßen zwei Männer, welche die Absicht bekundeten, mich an mein Ziel zu bringen. Sie luden mein Gepäck in den Kofferraum. Ich nahm auf dem Rücksitz Platz. Dann ging's los. Zuerst fuhren wir durch eine belebte Straße. Dann bog der Wagen ab. Die Gegend wurde immer unheimlicher und trister. Eine beunruhigende Ahnung stieg in mir auf. Dann hielt der Wagen. Die zwei Männer im Fond drehten sich zu mir um: »Die Fahrt kostet 100 Dollar! Wenn Sie nicht zahlen, setzen wir Sie hier aus.« Ich schaute mich um: Ein dunkles Industrieviertel mitten in der Nacht irgendwo in einer indischen Millionenstadt. Dann kramte ich zwei fünfzig Dollarnoten hervor und gab sie den beiden Ganoven. Sie fuhren mich zum Nationalen Flughafen. Erleichtert, dass ich nur übel abgezockt worden war und nicht ausgeraubt und zusammengeschlagen in einem Straßengraben lag, verließ ich das »Taxi«. Ich dankte Gott für die Rettung und tröstete mich damit, dass ich vielleicht einer armen Familie mit vielen Kindern für ein paar Monate den Lebensunterhalt finanziert hatte.

Müde, gestresst und frustriert bestieg ich das Flugzeug nach Bangalore. Ich freute mich darauf, Bischof Jackson kennenzulernen. Er wird mich am Flughafen empfangen. So war es vereinbart. Es war kurz kurz vor sechs Uhr morgens, als die Maschine zum Landeanflug in Bangalore ansetzte. Am Horizont dämmerte der neue Tag. Unter mir flimmerten die Lichter der Millionenmetropole. Nach der Landung musste ich noch lange auf meinen Koffer warten. Endlich kam er aus der Luke und polterte aufs Gepäckband. Er sah schlimm aus. Die Seite war aufgerissen und der Griff abgebrochen. Ich werde mir hier wohl einen ordentlichen Flugkoffer kaufen, dachte ich und trottete durch den Ausgang in Richtung Empfangshalle. Dort warteten viele Leute mit großen Namens- und Willkommensschildern, um Reisende abzuholen. Ich las die Namen. Meiner war nicht dabei. Wer von ihnen könnte Bischof Jackson sein? Leute begrüßten sich. Koffer wurden zum Ausgang geschoben. Ich stand rum, schaute in viele Gesichter und fragte mich, wo der Bischof blieb. Er wollte mich abholen. So hatten wir es per Mail abgesprochen. Ich suchte mir einen Sitzplatz, meinen demolierten Koffer im Blick, und wartete. Ärger stieg in mir hoch. Inder sollen es ja mit der Zeit nicht so genau nehmen. Ich mahnte mich zur Geduld und versuche mir die Zeit zu vertreiben, indem ich die Leute beobachtete: Geschäftsleute. Eine Familie, bestehend aus einem Mann mit schwarzem Schnurrbart und einem komischen grauen Kaftan. Seine Frau, eine dicke Mama im Sari, die mit den quengelnden Kindern beschäftigt war. Ein junges verliebtes Paar. Zwei abgehärmte indische Frauen, die mit Besen die Empfangshalle kehrten. Aber kein Bischof. Wie sieht wohl ein indischer Bischof aus? Trägt er ein Priesterhemd wie katholische Priester, meist schwarz oder grau mit Stehkragen und einem weißen Viereck in der Mitte? In der Dritten Welt tragen auch evangelische Pfarrer gern solche Hemden. Francis ist evangelisch, genauer: er ist ein Pfingstbischof. Auch die ziehen in südlichen Gefilden gern Priesterhemden an, meistens in leuchtenden Farben.

Ich wusste schon einiges über Francis Jackson. Ein Mann mit einer besonderen Geschichte. Er stammt aus der untersten Schicht der indischen Gesellschaft. Er war ein Dalit, ein Kastenloser, ein »Unberührbarer«, wie diese Bevölkerungsgruppe auch genannt wurde. Als Student war er ein überzeugter Kommunist. Als Jugendlicher fand er zum Glauben an Jesus, als er mit einer Gruppe Gleichaltriger eine Evangelisationsveranstaltung stören wollte. Die

Predigt fesselte ihn. Er vergaß, wozu er gekommen war. Mit Tränen in den Augen und weichen Knien folgte er dem Ruf zur Bekehrung. Ein Wunder des Heiligen Geistes. Nach Abschluss seines Studiums spürte er die Berufung, in Bangalore eine Gemeinde zu gründen. Zu seiner großen Überraschung fanden bald viele Menschen zu Jesus. Die Gemeinde wuchs, und er begann, Tochtergemeinden in anderen Stadtteilen Bangalores und Umgebung zu gründen.

Inzwischen war es fast acht Uhr. Ich zückte mein Handy und versuchte den Bischof zu erreichen. Ich hatte seine Büronummer. Eine Stimme meldete sich am anderen Ende. Ich sagte auf Englisch, wer ich bin und was ich will. Die Stimme nuschelte so etwas wie »kenn keinen Bischof«. Dann legte sie auf. Mist, denke ich. Falsche Nummer! Was mach ich jetzt? Zum ersten Mal in Indien und gleich noch ein Fiasko! Wie bekomme ich seine Nummer heraus? Soll ich ein Taxi nehmen? Darauf hatte ich nach meinem nächtlichen Reinfall in Mumbai keine Lust. Ich saß also auf meiner Bank im Flughafengebäude und dachte nach, was ich jetzt tun könnte. Plötzlich sprach mich ein Herr an. Offensichtlich ein Geschäftsmann. Guter Anzug, Krawatte, perfektes Englisch, groß, freundliche Augen, der obligate Schnurrbart. Er bot mir seine Hilfe an. Ich erzähle ihm von Bischof Jackson, der nicht gekommen war, um mich abzuholen. Der Inder ging zu einem Stand, wo man Telefonbücher ausleihen konnte, blättert eine Weile in einem solchen herum. Dann nahm er sein Handy und redete laut in einer indischen Sprache, während er lebhaft gestikulierte. Dann kommt er lächelnd zu mir zurück: »Der Bischof kommt in einer halben Stunde. Ich habe gerade mit seiner Sekretärin gesprochen«. Ich konnte es kaum fassen. Innerhalb von einer viertel Stunde hatte er mir meinen Bischof besorgt. Ich bedankte mich glücklich. Was mir mein indischer Helfer dann erzählte, überraschte und faszinierte mich: »Ich bin Katholik. Ich hatte einen Geschäftskollegen zum Flughafen gebracht. Nach der Verabschiedung, ich war schon wieder draußen am Auto, da fühlte ich einen deutlichen Impuls. Ich soll zurück zum Flughafen gehen. Dort braucht jemand meine Hilfe. Ich eilte also zurück ins Flughafengebäude und schaute mich um. Da erblickte ich Sie. Sie wirkten so verloren.« Wir verabschieden uns mit einem brüderlichen Handschlag. Eine reichliche halbe Stunde später kam der Bischof: ein älterer, etwas rundlicher Herr, ganz in weiß gewandet, mit lustigen schwarzen Augen: »Are you Alexander Garth from Germany?«

Ich hatte einige großartige geistliche Lektionen gelernt an diesem Morgen. *Erstens*: Gott sieht mich, wie ich da frustriert und übermüdet auf einen Bischof warte, der nicht kommt. *Zweitens*: Gott weiß, dass ich gerade eine deprimierende Erfahrung mit drei Betrügern (dem Uniformierten und den beiden Fahrern) hinter mich gebracht hatte. *Drittens*: Gott schaut, wo ein Christ in der Nähe ist mit einem sensiblen Herzen für das Reden Gottes, den er zu mir schicken kann. *Viertens*: Gott ist in Aktion und kümmert sich um mich. Egal wo ich bin auf der Welt.

18. FASZINATION: EIN HIMMLISCHES FEST

Für eine wachsende Zahl von Menschen besteht der Zugang zum Glauben eher in der spirituellen Erfahrung als im rationalen Verstehen. Daher gewinnt die Feier des Heiligen Abendmahls an Bedeutung. Dort begegnet uns das Heil in Christus als Ereignis, als Erleben von Glauben, Gottesnähe und Erlösung. Ich gestehe, dass mich normale evangelische oder freikirchlich-evangelikale Gottesdienste nur manchmal berühren. Der Grund? Der Gottesdienst ist weitgehend zu einer religiösen Bildungsveranstaltung verkümmert. Ihm fehlt das Mysterium der verkündigten, geglaubten und erfahrenen Gegenwart der Heiligkeit Gottes. Besser geht es mir in charismatischen Gottesdiensten, in denen es Raum gibt zur Anbetung. Es gibt unterschiedliche Möglichkeiten, seine Sehnsucht nach Gott auszudrücken und auf die Verkündigung zu antworten. Auch eine katholische Messe ist, wenn man sie versteht, voller Lob und Betrachtung der Gegenwart Christi. Allein die Kniebänke in jeder Kirche drücken aus, dass hier ein Ort der Anbetung ist.

MYSTERIUM

Das altgriechische Wort Mysterium taucht 27 mal im Neuen Testament auf. Mysterion mit Geheimnis zu übersetzen, trifft den Sinn nicht. Ein Geheimnis ist etwas, das nur

Eingeweihte wissen dürfen, wenn z. B. ein Teenager zum anderen sagt: »Ich vertraue dir jetzt ein Geheimnis an, das du niemandem sagen darfst. Ich bin verliebt in ...« Wenn die Bibel von Mysterium spricht, meint sie etwas, das alle erfahren sollen, das aber nicht alle verstehen, weil es nicht zugänglich ist durch rationales Verstehen. Denn der Zugang zum Mysterium Christi besteht nicht im logischen Erfassen, sondern im Erfahren und Erleben der geheimnisvollen Gegenwart Gottes, für die ein Mensch sich öffnen kann, die er sehnsüchtig suchen kann, die sich aber nicht erschließt wie eine mathematische Formel. Das alte Wort dafür heißt Erleuchtung. Ein schönes Bild. Licht fällt in einen dunklen Raum. Der dunkle Raum ist unser Herz und unser Verstand. Darum schreibt Paulus »Durch Offenbarung ist mir das Geheimnis kundgemacht worden« (Epheser 3,3). Der katholische Theologe und Gründer des Gebetshauses Augsburg *Johannes Hartl* schrieb in einem Facebook-post: »Es gibt genau eine Sache, die die Kirche attraktiv macht: die Gegenwart Gottes. In allem anderen sind politische Parteien, Rockkonzerte oder Erlebnisparks besser.« Das Heilige Abendmahl ist ein besonderes Geschehen, in dem sich die Gegenwart Gottes heilschaffend mitteilt. Menschen werden von der liebevollen Zuwendung Christi berührt.

ÖDE DIESSEITIGKEIT

In einer Zeit, in der sich unsere gesamte Kultur in einem umfassenden Wandel befindet, werden spirituelle Lebensformen und Traditionen des Christentums wichtig, in denen die Erfahrung des Glaubens in den Fokus kommt. Die Zeit, die wir gerade hinter uns lassen, versuchte, alles Religiöse oder Metaphysische durch den engen Trichter der Vernunft zu pressen, und verlor sich dabei in einer dumpfen Diesseitigkeit. Die Welt und das Leben wurden entzaubert. Eine öde und auf ihre Art naive Wissenschaftsgläubigkeit trat an die Stelle religiösen Staunens. Menschen der neuen Zeit finden einen Zugang zum Glauben eher über die Erfahrung als über den Intellekt. Sie wollen staunen über das Geheimnis Gottes und des Lebens. *Michel Houllebecq*, der wahrscheinlich bedeutendste französische Autor der Gegenwart, schreibt in seinem Essayband »Interventionen«: »Es sind jene Augenblicke der Konfrontation mit dem Unerklärlichen, in denen der Mensch am ehesten geneigt ist, sich dem Religiösen zuzuwenden.« Houllebecq ist kein Gläubiger, aber er mag es, hin und wieder den »Schauder des Glaubens« zu spüren.

DER HERZSCHLAG DES EVANGELIUMS

Im Heiligen Abendmahl begegnet uns der Herzschlag des Evangeliums – nicht als theologische Theorie, sondern als Erleben von Gottes Hingabe an uns, als Schmecken, Hören, Sehen, Fühlen, dass Gott mich will und liebt, als Erfahrung von Buße und Vergebung, Heiligkeit und Nähe Gottes, Gemeinschaft und Feiern. Der ganze Mensch mit all seinen Sinnen wird angesprochen.

UMKEHR

Im Bußgebet zu Beginn des Abendmahls wird der Ruf zur Umkehr aus einem innerweltlichen Moralismus herausgeführt. Der Ruf der Kirche zur Buße des Sünders wird von heutigen Menschen oft als eine moralisierende Zumutung empfunden. Er kann damit nicht viel anfangen, weil Sünde rein diesseitig verstanden wird als ein leider gemachter Fehler, für den es viele Gründe gibt: Charakter, Erbanlagen, Umstände, psychologische Zwänge. Man braucht vielleicht die Vergebung der Mitmenschen, aber dass Sünde von Gott entfremdet, geht schwer ein. Christus ruft uns an den Tisch der Gnade. *Er* ist der Gastgeber. Wir sollen kommen und ablegen, was uns von ihm trennt. Hier kommt ganz natürlich die geistliche Dimension ins Spiel, dass ein heiliger Gott uns mit unserem Leben konfrontiert. Wer zur Verleihung eines Oscars geladen wird, der bereitet sich gründlich vor. Sorgfältig wählt er das passende Outfit, um würdig dort zu erscheinen. In der Bitte um Vergebung zu Beginn des Abendmahls bereiten wir uns vor, um als Menschen, die von ihrer Schuld gereinigt sind, in die Gemeinschaft mit Jesus einzutreten. Worum es in der Buße eigentlich geht, leuchtet auf: Jesus vergibt uns unsere Schuld und befreit uns, anders und besser zu leben. Es geht nicht um eine christliche Moral, sondern um Transformation aus der Kraft der erfahrenen Gnade. Beim Heiligen Abendmahl im Gottesdienst frage ich nach dem Schuldbekenntnis: »Wenn du deine Sünde bereust und aus der Kraft des Heiligen Geistes ein besseres Leben führen willst, so antworte ‚Ja'«. Ein lautes und vernehmliches Ja aus vielen Mündern erfüllt die Kirche. Es ist ein heiliger Moment. Dann spreche ich im Namen Jesu die Vergebung zu. Die Erleichterung, die den Raum erfüllt, kann man spüren.

ANBETUNG

Normalerweise kreisen wir unentwegt um uns selbst, was uns gerade Sorgen bereitet, wie wir bei Menschen ankommen, womit wir unser Leben optimieren können. Im Abendmahl wird der Mensch aus seiner Selbstzentrierung herausgeführt. Im großen Dankgebet und dem gesungenen Sanctus (das Dreimalheilig) geht es ganz und allein um die Herrlichkeit Gottes und die Schönheit des Evangeliums. Der zur Gemeinschaft mit Gott geladene Mensch betet seinen Schöpfer an und preist ihn für das, was er *ist* und was er getan hat. Und dieser Gott ist nicht eine ferne abstrakte Idee. Anbetung ist die einzig angemessene Reaktion des Menschen auf die Gegenwart Gottes. Und in dem wir Gott anbeten, sind wir ganz bei unserer tiefsten Bestimmung als geliebtes Gegenüber unseres Schöpfers. Nirgend woanders sind wir dem Mysterium Christi so nahe wie im Heiligen Abendmahl.

DIE HEILWIRKENDE GEGENWART CHRISTI IN BROT UND WEIN

Gleich zweimal heißt es in den Einsetzungsworten »Dies tut zu meinem Gedächtnis«. Dieses Wort bedeutet in der Sprache der Bibel nicht einfach, dass man sich an ein rückliegendes Ereignis erinnern soll. Hinter dem griechischen Wort, das sich an dieser Stelle findet (*anamnesis*), steht ein hebräischer Begriff (*zakar*). Dieser meint die Vergegenwärtigung des Vergangenen, das gegenwärtig wirksam wird. *»Gedächtnis« bedeutet »Vergegenwärtigung«.* Es geht nicht um einen rationalen Akt des Erinnerns, sondern darum, dass uns in Brot und Wein die rettende Gegenwart Christi begegnet. Sein Tod am Kreuz ist das Zentrum des Heilsgeschehens. Im Heiligen Abendmahl, im Essen und Trinken, wird das mir zugeeignet, was Jesus Christus am Karfreitag für alle Welt getan hat. »Mein Leib und mein Blut für euch gegeben«. Christus ist heilschaffend gegenwärtig in den Elementen des Altarsakraments. Seine Selbsthingabe am Kreuz wird in Brot und Wein Teil meines Lebens. Sein Leib wurde gebrochen. Nun schenkt er sich uns im Brot. Sein Blut wurde vergossen. Blut gilt nach biblischem Verständnis als der Sitz des Lebens. Nun wird der Wein zum Träger des Lebens, das siegreich den Tod überwand. »Das ist mein Leib, das ist mein Blut«. *In*, *mit* und *unter* Brot und Wein kommt der Auferstandene zu uns. Wir sollen es nicht nur glauben, verstehen und begreifen, dass unsere Sünden vergeben sind und dass wir für alle Zeit und Ewigkeit zu Gott gehören. Nein, wir sollen es schmecken, fühlen, riechen, ertasten, kauen! Gott möchte, dass wir mit allen unseren Sinnen die Erlösung *erleben*. Sie wird zu einer sinnlich-leiblichen Erfahrung. Wir leben in einer materiellen Welt, in der uns geistliche Dinge oft sehr entfernt und fremd erscheinen. Im Heiligen Abendmahl bricht das Ewige, Göttliche, ganz und gar Außerordentliche in unsere materielle Welt ein und verleiblicht sich in Brot und Wein, lässt sich von uns nehmen und wird Teil unseres Leibes und Lebens. Es geht nicht um Information über den Glauben. Hier wird Glaube erlebt. Es geht nicht um ein Dogma, sondern um die Begegnung mit dem heilschaffenden Christus. Es geht nicht um eine Lehre von der Erlösung, sondern um die Erfahrung: Ich bin um Jesu willen angenommen, geliebt, erlöst. Martin Luther war leidenschaftlich davon überzeugt, dass Christus selbst heruntersteigt, um sich in den Elementen des Mahles an uns zu verschenken: »Unsers Gottes Ehre ist die, so er sich um unser willen aufs Tiefste herunter gibt, ins Fleisch, ins Brot, in unsern Mund und Herz«. Im Heiligen Abendmahl handelt Christus an uns. Er schenkt die himmlische Gnadengabe der Erlösung, die uns verwandelt und zu neuen Menschen macht. Der Glaube empfängt die Gnade. Die Sehnsucht ergreift das Heilshandeln Christi.

EINE VORNWEGNAHME DER LETZTEN GROSSEN FEIER

Dass Jesus das Heilige Abendmahl mit *Brot* und *Wein* einsetzte, hat eine tiefe symbolische Bedeutung. Brot steht für das, was wir unbedingt zum Leben brauchen. Und Wein? Es ist hintergründig, dass Jesus Wein nahm, nicht Wasser, auch nicht Traubensaft. Wein steht für Freude, Überschwang, Rausch, Großzügigkeit. Gott will, dass wir ihn feiern und seine Liebe genießen. Wein ist das himmlische Getränk schlechthin, das Getränk Christi im Reich Gottes (Markus 14,25). Brot und Wasser dagegen ist die Überlebensration für Häftlinge, Brot und Wein aber ist das Mahl von Hochzeitsleuten. Das Buch der Offenbarung beschreibt den Himmel als ein großartiges endzeitliches Hochzeitsmahl (Offenbarung 19,6–10). In der Feier des Heiligen Abendmahls wird die Vollendung des Reiches Gottes im Voraus dargestellt. Mitten in Elend, Leid und Sterblichkeit dieser Welt feiert Christus mit seinen Freunden das Fest der künftigen Vollendung. Christus, Paradise now, der Himmel auf Erden, denn Christus ist da.

DIE EINLADUNG ZUR TAUFE

Das Abendmahl ist die Feier des Bundes, den Gott in der Taufe mit dem Menschen schloss. »Das ist mein Blut des neuen Bundes, das für euch vergossen wird zur Vergebung der Sünden.« Menschen, die noch nicht getauft sind, hören die Einladung zur Taufe. Sie sind Teil der Abendmahlsgemeinde, ohne Brot und Wein zu nehmen. Viele von ihnen lassen sich während der Feier des Heiligen Mahles unter Handauflegung segnen. In Ostdeutschland sind nur noch wenige getauft. Manche checken erst beim Abendmahlsgottesdienst, dass ihnen zum Glauben noch etwas Wichtiges fehlt: die Taufe.

DER FRIEDENSGRUSS

Im Heiligen Abendmahl feiern wir das Geheimnis der Kirche, nicht als Lehre von der Kirche, sondern als *Erfahrung* von Gemeinschaft am Tisch der Gnade. Durch den Gastgeber Jesus Christus sind alle untereinander zu Schwestern und Brüdern gemacht. Daher gehört der Friedensgruß unbedingt zum Abendmahl dazu: »Jesus Christus hat durch seinen Tod Frieden gemacht zwischen Gott und Mensch. Darum gib deinem Nachbarn ein Zeichen des Friedens!« Menschen gehen aufeinander zu, reichen sich die Hand, umarmen sich, sagen einander etwas Gutes. Hier wird die Gemeinschaft der Kirche nicht nur geglaubt, hier wird sie konkret gelebt, ereignet, illustriert. Der Friedensgruß verkündigt das Geheimnis der Kirche fast ohne Worte, aber als Ereignis und Widerfahrnis.

19. FASZINATION: LEIDENSCHAFT

Leidenschaft ist ein unglaublicher Motor. Man hält Dinge für möglich, die man nie für möglich gehalten hätte. Leidenschaftliche Menschen sprühen vor Energie. Es gibt ihnen Kraft, wenn sie sich mit ganzem Herzen einer Sache verschreiben. Sie haben ein höheres Ziel vor Augen, für das sie brennen. Sie überwinden Widerstände. Unmögliches wird möglich. Die Leute sagen, das geht nicht, das haben wir noch nie gemacht, das wird niemals funktionieren. Dann kam einer, der das nicht wusste, und hat's gemacht. Leidenschaft überwindet Begrenzungen, Denkraster, festgefügte Abläufe. *Albert Einstein* sagte von sich, dass er keine besondere Begabung habe (da untertreibt der Professor kokett), sondern nur leidenschaftlich neugierig sei. Leidenschaft ist eine Quelle von Inspiration. Menschen wachsen über sich hinaus. »Ohne Begeisterung, welche die Seele mit einer gesunden Wärme erfüllt, wird nie etwas Großes zustande gebracht« meint Adolph von Knigge. Leidenschaft baut indes nicht nur auf, sondern reißt auch nieder. Wer leidenschaftlich hasst, ist gefährlich und zerstörerisch. Judenhass ist inspiriert aus der Hölle. Diese Welt braucht Menschen, die leidenschaftlich für das Gute kämpfen: für Liebe, Frieden, Gerechtigkeit, Bewahrung der Schöpfung, Toleranz. Das Gegenteil von Leidenschaft sind Gleichgültigkeit, Faulheit, ein leeres Herz und ein träger Verstand.

Du brauchst Leidenschaft, wenn du etwas bewegen willst. *Thomas Eddison* hatte eine leidenschaftliche Vision. Er träumte von taghell erleuchteten Städten und Plätzen in einer Zeit, in der die Menschen sich mit Petroleumfunzeln begnügen mussten und schummrige Gaslampen in den Städten etwas Licht spendeten. Über eintausend Versuche benötigte der Elektroingenieur, ehe die erste elektrische Glühlampe mit hochohmigem Kohlefaden funktionierte. Nach seiner Ausdauer befragt, antwortete der Erfinder: »Ich bin nicht entmutigt, weil jeder als falsch verworfene Versuch ein weiterer Schritt vorwärts ist«. Es ist die Leidenschaft, die uns an einem Ziel festhalten lässt.

Wie entsteht eigentlich Leidenschaft, und was bewirkt sie? Leidenschaft hat zwei Inspirationsquellen: das Leiden und die Faszination. In »Leidenschaft« steckt das Wort Leiden. Leidenschaft wird geboren aus Tränen und Zorn, wenn es Wirklichkeiten und Widerfahrnisse gibt, unter denen wir leiden, die uns nicht einschlafen lassen und die uns zornig rufen lassen: Genug ist genug! Es reicht! Aus der Verzweiflung und den Traumata unseres Lebens kann eine Vision entstehen, die uns mit Leidenschaft erfüllt und ein Leben lang begeistert.

Mose, der Befreier seines Volkes aus der ägyptischen Sklaverei, wurde Zeuge, wie ein Ägypter einen hebräischen Sklaven misshandelte. Mose erschlug den Sklaventreiber. Um der Strafe zu entgehen, floh er aus Ägypten. In der Wüste Midians fand er eine Bleibe, gründete eine Familie und wurde ein Schafhirte. Vierzig Jahre vergingen, bis Gott in sein Leben trat und die Biografie des Mannes einen radikalen Knick bekam. Gott sprach zu ihm: »Mose! Ich bin der Gott deines Vaters, der Gott Abrahams, Isaaks und Jakobs. Ich habe das Elend meines Volks in Ägypten gesehen. Ich habe ihre Schreie gehört und ihr Leid erkannt.« Mose begegnet einem Gott, der anknüpft an den tiefen Schmerz des Schafhirten. Ich, Gott, habe gesehen, was du gesehen hast. Ich habe die Schreie gehört der gequälten Sklaven, der vergewaltigten Frauen, der Kinder, die ihren Familien entrissen wurden. Gott erinnert Mose an seinen Schmerz, ruft ihn in den Dienst und erweckt in ihm die Leidenschaft, sein Volk zu befreien.

Der Schweizer Kaufmann *Henry Dunant* reiste um 1858 geschäftlich nach Norditalien und wurde Zeuge einer Schlacht zwischen Österreichern und Franzosen. Dort erlebte er das pure Grauen: 38.000 tote und schwer verwundete Soldaten waren auf dem Schlachtfeld unversorgt zurückgeblieben. Verwundete schrien verzweifelt nach Hilfe, Sterbende nach ihren Müttern und Bräuten. Mit der Losung »Wir sind alle Brüder« hilft Dunant diesen Opfern des Krieges auf beiden Seiten. Der Schmerz über das geschaute Elend lässt ihn nachts nicht schlafen. Aus Schmerz wird eine Leidenschaft geboren, und die führt zu einer Vision: die Gründung einer Bewegung für die Verwundetenpflege. Henry Dunant wird zum Gründer des *Roten Kreuzes*. 1901 erhält er den Friedensnobelpreis.

Bill Wilson wurde als Kind von seiner Mutter in einem Park ausgesetzt. Drei Tage wartete der 12jährige, dass seine Mutter zurück kommt. Sie kam nicht. Ein gläubiger Mann sammelte den Jungen auf und gab ihm ein christliches Zuhause. Er bezahlte Bill die Teilnahme an einem Sonntagsschulcamp. Dort hörte er zum ersten Mal von Jesus. In einer einsamen Stunde betete er zu Jesus: »Meine Mutter will mich nicht haben, aber wenn du mich haben willst, da bin ich.« Das war der Start seiner Beziehung zu Jesus und der Beginn einer unglaublichen Berufung. Aufgrund seiner Lebensgeschichte wuchs in Bill die Leidenschaft, für Kinder da zu sein, die hineingeboren wurden in ein Umfeld von Vernachlässigung, Missbrauch, Gewalt, Armut und Sucht. Aus dem Schmerz der Kindheit und der heilenden Liebe Gottes wurde eine Mission: Ich will mich um vergessene und verwahrloste Kinder kümmern! »Die Not ist der Ruf« sagte Bill Wilson und gründete 1980 *Metro World Child*, eine Organisation für Kinder in Brooklyn, damals einem der brutalsten Viertel New Yorks, das bekannt war für Kinderelend, Bandenkriminalität, Gewalt, Drogen und Armut. Bill Wilson arbeitete mit großem Erfolg trotz heftigen Widerstands. Mehrmals wurde er mit Messern und Schusswaffen angegriffen und verwundet. Unermüdlich besuchte er Kinder und deren Zuhause, gründete ein Sonntagsschulprogramm, das schon bald in alle fünf Bezirke von New York expandierte und sehr viele Kinder erreichte. Seine einzigartigen Konzepte werden in vielen Teilen der Welt verwendet, um der Not von Kindern zu begegnen.

Martin Luther King wuchs auf in dem von scharfer Rassentrennung geprägten Süden der USA. Afroamerikaner wurden ausgegrenzt und hatten kaum Rechte. Sie mussten gesonderte Schulen besuchen, durften nicht mit Weißen in einem Bus fahren, im selben Restaurant essen oder am selben Arbeitsplatz tätig sein. Als Kind war es ihm nicht erlaubt, mit einem befreundeten weißen Jungen zu spielen, weil King schwarz war. Rassismus war für ihn eine tägliche Erfahrung. Immer wenn er erlebte, dass eine weiße Person einen Schwarzen schlug, hat das King tief verletzt. Immer, wenn er Zeuge wurde, dass Afroamerikaner schikaniert wurden, stieg Zorn in ihm auf. Das Leiden unter der Rassendiskriminierung entzündete die Leidenschaft, gegen das Unrecht aufzustehen. Martin Luther King wurde ein bekannter und einflussreicher Baptistenpastor. Er engagierte sich im gewaltfreien Kampf gegen Unterdrückung und für die Rechte von Afroamerikanern. Mitte der 1960er Jahre wurde er zum herausragenden Sprecher der US-amerikanischen Bürgerrechtsbewegung. Durch ihn ist das Civil Rights Movement zu einer Massenbewegung geworden, die schließlich erreichte, dass die Rassentrennung aufgehoben wurde und sich auch Afroamerikaner der US-Südstaaten an politischen Wahlen beteiligen durften. Martin Luther King wurde 1968 von weißen Rassisten erschossen. Nach seinem Tod wurde er mit vielen Preisen geehrt. Er gilt als Märtyrer des Glaubens, der wegen seines vom Evangelium inspirierten Kampfes umgebracht wurde.

Jesus machte ein unvorstellbar schreckliches Leid durch. Das hat in unzählige Herzen die Leidenschaft gepflanzt, Jesus mit einem aufopferungsvollen Leben zu ehren und zu dienen. Sie kümmern sich um Kranke und Sterbende, leben unter den Armen und Verachteten, um ihnen die Liebe Christi zu bringen. Sie verzichten auf Ehe und Selbstbestimmung und lassen sich senden, um ganz für Gott und für die Menschen da zu sein. Viele davon wurden von der Katholischen Kirche heilig gesprochen. Sie verstehen ihre Hingabe als Teilhabe am Leiden Christi. Mit ihrem Leiden in dieser Welt bewirken sie, dass das Heil und die Wohltaten Christi zu den Menschen kommen.

Leidenschaft wird geboren nicht nur aus Leiden. Leidenschaft entsteht durch *Faszination*. Der Religionswissenschaftler *Rudolf Otto* untersuchte, was das Wesen von Gotteserfahrung ist. In seinem Bestseller »Das Heilige« geht er der Frage nach, wie Menschen die Begegnung mit

»dem Heiligen« erleben, wenn sich das Göttliche mitteilt. Er untersuchte viele Berichte, in denen Menschen über diese Erfahrungen berichten. Dabei fiel ihm auf, dass das Erleben göttlicher Gegenwart zwei heftige Wirkungen hat: *Erstens* macht der Mensch eine schockierende, angstvolle Erfahrung. Ihm begegnet eine überwältigende, ehrfurchtgebietende Macht, in deren Gegenwart der Mensch das peinigende Gefühl hat, vor dieser Heiligkeit und Vollkommenheit in Furcht zu vergehen. Otto nennt diesen Aspekt der Gotteserfahrung das Mysterium tremendum, das Geheimnis des Erschreckens. *Zweitens* begegnet dem Menschen etwas, das total fasziniert, ein wonnevolles Erleben von grenzenloser Liebe, absoluter Schönheit und Vollkommenheit. Otto nennt diesen Aspekt der Gotteserfahrung das Mysterium fascinans, das faszinierende Geheimnis. Je tiefer ein Mensch hineinfindet in den Glauben, je vertrauter seine Gottesbeziehung wird, um so faszinierter ist er von den Geheimnissen des Glaubens. Ihm begegnet eine Welt voller Sinn, Weisheit, Liebe, Geschwisterlichkeit, Schönheit, Wunder, Lebensglück und Vollkommenheit. Und in ihm entsteht die Leidenschaft und das sehnliche Verlangen, diesen Gott zu lieben von ganzem Herzen ihm zu gehören und zu dienen für immer.

Antonio Gaudí, der geniale spanische Architekt, war sein Leben lang angetrieben von der Faszination des Glaubens. Sein Lebensthema: die Anbetung Gottes. Er besuchte über vierzig Liturgie-Seminare und befasste sich lebenslang mit dem Mystiker Johannes vom Kreuz. Als er 1883 die Stelle als leitender Architekt an der kurz zuvor begonnenen Kathedrale in Barcelona bekam, erfüllte sich ein Lebenstraum für den jungen Baumeister. Er gab dem Bau den Namen Sagrada Familia, Heilige Familie, weil er spürte, dass die am stärksten angefochtene Institution in Zukunft die Familie sein wird. Die Architektur der Kathedrale verstand er als steingewordene Anbetung, als die »Errichtung eines Gebets«. Gaudí sagte über sich: »Ich bin kein Künstler, ich führe nur das Werk Gottes fort.« Die Natur nahm er zum Vorbild für die Architektur, denn »ein Baum wird nie unmodern«. Der ganze herrliche Bau der Sagrada Familia ist eine Stein gewordene Darstellung der Heilsgeschichte, ein Lob des Schöpfers. Gaudí zitiert vielfach die Natur mit dem Ziel, die ganze Schöpfung in das Lob Gottes einzubeziehen. Die letzten zwölf Lebensjahre verbrachte Gaudí Tag und Nacht in seiner Werkstatt auf der Baustelle der Kathedrale. Antonio Gaudí starb 1926 und hinterließ neben vielen Häusern, die er entworfen hatte, einen Park und die noch unvollendete Kathedrale. Sie ist jetzt schon ein an Großartigkeit und Schönheit kaum zu überbietender Sakralbau. Gaudí war wie kaum ein anderer der Architekt einer göttlicher Ästhetik. Kunsthistoriker nennen ihn einen »Revolutionär«, einen »originellen Romantiker«, einen »Neu-Gothiker mit bizarren Einfällen« und den »ersten Repräsentanten des katalanischen Modernismus«.

Leidenschaft ist ansteckend, Begeisterung hochinfektiös. »Nur der Begeisterte begeistert, nur der Bewegte bewegt« (Fritz Schwarz). Leidenschaftliche Leute bewirken etwas im Leben anderer. Sie motivieren Menschen zu Dingen, die diese nie für möglich gehalten hätten. »In dir muss brennen, was du in anderen entzünden willst« sagt Augustin, einer der bedeutendsten Theologen und Kirchenlehrer des 4. Jahrhunderts. Das Christentum hat begonnen mit Begeisterung, und es stirbt, wo diese Begeisterung verlischt. Leidenschaft will sich mitteilen. Der Begeisterte missioniert. Er möchte andere daran teilhaben lassen, an dem was er toll findet, an dem was er erlebt hat, an dem, was ihm hilft, ihn stärkt, und ihm gefällt. Indes hat bei den Leuten Missionieren keinen guten Ruf. Ein guter Bekannter von mir, der sich selbst als Anarchist versteht, sagte: »Mich nerven missionierende Christen. Die wollen ihren Glauben anderen aufdrücken«. In unserer Kultur ist die Ansicht populär: »Missionieren, das macht man nicht. Das geht heute nicht mehr«. Dabei leben wir in einer Gesellschaft, in der unentwegt missioniert wird. Überall werden wir zugetextet »Kauf das! Das ist cool. Schmier dir das ins Gesicht! Es macht dich jung. Trink das! Es macht fröhlich. Fahr das! Es ist ein Erlebnis.« Unsere Briefkästen quillen über mit Werbung. Im Internet werden wir ständig bombardiert mit Anzeigen von Gebrauchsartikeln, die unser Leben optimieren sollen. Jeder von uns missioniert. Ein Teenager sagt einem anderen: »Du musst die und die Creme nehmen. Das hat auch bei mir gegen Pickel geholfen«. In meinem Bekanntenkreis gibt es eine Veganerin, die alle nervt mit ihren Belehrungen über gesundes und ökologisches Essen. Freunde sagen uns, was gerade die angesagtesten Must-dos und Must-haves sind, welchen Film wir unbedingt sehen müssen, welches Buch wir dringend lesen sollten, welche Band absolut der Hammer ist. Während der Corona-Pandemie gab es die lästigen Impfmissionare mit ihrer Panikmache. Mein Sohn, wie ich ein Fan von Modern Jazz, schickt mir Spotify-Links zu Tracks, die ihm gefallen. Und ich bin froh darüber. Wir leben in einer missionierenden Gesellschaft. Und nur wir Christen sollen schweigen von dem, was das Leben unendlich reich macht, belebt und mit Hoffnung durchtränkt? Wenn ein Hungriger einem anderen Hungrigen verschweigt, wo man Brot bekommt, macht er sich da nicht schuldig? Die Bibel weist uns an: »Seid stets bereit, jedem Rede und Antwort zu stehen, der von euch Rechenschaft fordert über die Hoffnung, die euch erfüllt« (1. Petrus 3,15). Ich bin leidenschaftlich davon überzeugt: Jesus ist das Beste, das diesem Planeten je passiert ist. Darum soll es jeder erfahren. Darum soll jeder die Chance bekommen, von dem zu hören, der die besten Wohltaten hat für uns Menschen. Viele Christen haben sich einschüchtern lassen von einem postmodernen Relativismus, nach dem es keine absolute Wahrheit gibt. Sie reden lieber über soziale Gerechtigkeit, Frieden, Menschenrechte und Ökologie, weil sie sich hier der Zustimmung der säkularen Gesellschaft sicher sein können. Da aber Mission zum Glauben gehört wie der Donner zum Blitz, hoffen missionarisch gesinnte Christen, dass sie wenigstens auf ihren Glauben angesprochen werden. »Lebe so, dass du gefragt wirst« lautet die Weisheit. Das aber ist eine Überforderung und eine Illusion. Wer ist schon eine Mutter Teresa? Die meisten Christen sind ganz normale Leute, die ihre alltäglichen Kämpfe haben, um die Probleme des Lebens in den Griff zu bekommen. Und genau ihr christliches Zeugnis ist absolut wichtig in einer zunehmend gottvergessenen Umwelt.

20. FASZINATION: GOTTES FRAGWÜRDIGE HELDEN

Wenn Menschen sich aus einem lasterhaften, schuldbeladenen Leben bekehren, ihre Sünden bereuen und ein neues geläutertes Leben beginnen, dann sind wir zum einen fasziniert. Sie werden in den Gemeinden herumgereicht. Man überlässt ihnen das Mikrofon und das Publikum, das gebannt der Erzählung schlimmer Taten lauscht. Man genießt den Schauder »wie kann einer nur so böse sein«. Besonders bei jungen Leuten kommt das gut an, wenn einer von seinem wilden, excessiven, gewalttätigen Leben vor seiner Bekehrung berichtet.

Andererseits sagen die Leute: »Das hat gerade noch gefehlt. Dass so ein niederträchtiger Typ auch noch fromm wird, nee, das kann ich mir nicht vorstellen. Wenn der liebe Gott einigermaßen gerecht ist, dann kann er doch nicht vergeben, was der gemacht hat.«

Josef Müller aus München ist ein Mensch mit einem gewaltigen Bruch in seiner Biografie. Er reist heute als ehemaliger »ziemlich bester Schurke« durch die Gegend und erzählt seine Geschichte von einer wundersamen Wandlung vom Gangster und Millionenbetrüger zum Prediger. Oder *Thomas Mittelhoff* mutierte vom gierigen Superstar-Manager zum demütigen Gläubigen mit der Botschaft »dass Geld und Macht nicht glücklich machen, sondern der Einsatz seiner Gaben für andere«. Selbst ein

Mörder wie *Torsten Hartung* erlebt nach einer 22-Jährigen Haftstrafe und einem tiefem Zerbruch den Neuanfang mit Gott. Aus dem Großkriminellen wird ein frommer Sozialarbeiter, der sich um jugendliche Straftäter kümmert.

Aber das größte Wunder besteht nicht darin, dass Menschen sich aus einem verpfuschten Leben voller Gewalt, Niedertracht und Hass zu Gott bekehren und ihr Leben ändern. Das wahre Wunder ist Jesus Christus. Er vergibt den schlimmsten Sündern und eröffnet für sie die Perspektive eines neuen besseren Lebens. Jesus sagt zu ihnen: »Wer zu mir kommt, den werde ich nicht hinausstoßen«. Ich habe öfters erlebt, wie kaputte Menschen den Müll ihres Lebens zu Christus bringen und einen Neuanfang mit Gott geschenkt bekommen.

Wenn man in die Bibel schaut: Die großen Männer und Frauen des Glaubens waren oft recht fragwürdige Gestalten. Man bekommt beim Lesen den Eindruck, Gott arbeitet besonders gern mit Leuten, die einen schwierigen Charakter haben, ihr Temperament nicht in den Griff bekommen und zu bösen Dingen fähig sind. *Mose*, der Befreier des Volkes Gottes aus der ägyptischen Sklaverei war ein Totschläger, der einen Aufseher erschlug, als dieser einen Sklaven misshandelte. *König David* war zuerst der Anführer einer Räuberbande und später ein Ehebrecher und Mörder, der den Ehemann seiner Bettgespielin beiseite räumen ließ. *Paulus* war ein religiöser Fanatiker, ein Dschihadist, der die Christen erbarmungslos verfolgte, bis ihm der auferstandene Jesus begegnete und ihn bekehrte. *Maria Magdalena,* die spätere Zeugin der Auferstehung Jesu und Apostelin, war eine Prostituierte, bevor Jesus sieben Dämonen aus ihr austrieb und sie in seine erweiterte Jüngerschar berief. *Simon der Zelot*, einer von den zwölf

Jüngern, war ein nationaler Fanatiker und Terrorist, der Römer tötete, wo sich eine günstige Gelegenheit bot. *Levi-Matthäus* leitete eine Zollstation und trieb dort das Geld ein für die verhasste Besatzungsmacht, die das Land knechtete. In den Augen der Juden war er ein Lump und Betrüger, ein verachtenswerter Kollaborateur mit den Römern. Und *Petrus*, die Nummer eins unter den Jüngern, verleugnete seinen Herrn, als ihm eine Magd ein bisschen auf den Zahn fühlte: »Du gehörst doch auch zu diesem Galiläer«.

Im Lukas-Evangelium wird berichtet, dass Jesus eine ganze Nacht betete, bevor er zwölf seiner Anhänger in sein Elite-Team berief. Ich denke: »Mensch, für diese Gurkentruppe hätte ein Drei-Minuten-Gebet gereicht.« Warum ging Jesus nicht an die Jerusalemer Universität und suchte dort die Begabtesten, Klügsten, Charaktervollsten heraus, um sie zu seinen Jüngern zu machen? Stattdessen diese suspekten Figuren: ungebildete Fischer, Zöllner, ein Terrorist, eine Ex-Hure.

Auch unter den großen Vorbildern in der Geschichte der Kirche, den »Heiligen«, waren Menschen, die erst einmal ganz unheilig starteten. *Augustin*, der große Kirchenlehrer, war ein Lebemann und Frauenheld. *Ignatius von Loyola* war ein Draufgänger, Spieler, Raufbold und Frauenflachleger. Als ihn eine Kanonenkugel schwer verletzte, kam er zur Besinnung. Mit einem zertrümmerten Bein lag er im Klosterkrankenhaus und dachte über sein Leben nach. In der reich bestückten Klosterbibliothek versorgte er sich mit Lesestoff gegen Langeweile. Die Ritterromane, die es da auch gab, interessierten ihn nicht. Stattdessen las er die Lebensbeschreibungen von heiligen Männern und Frauen und ein Buch über das Leben Christi. Das brachte ihn zum Nachdenken. »Was zählt eigentlich wirklich im Leben? Was soll ich mit meinem Leben anstellen?« Fasziniert davon, wie die Heiligen Christus erlebten und wie sie berufen wurden, etwas Großartiges für Gott und die Welt zu vollbringen, wurde eine Sehnsucht in Ignatius wach: »Ich möchte diesem Gott dienen für den Rest meines Lebens«. Er verstand: »Wenn ich ein Leben mit Christus führen will, dann muss ich mein altes Leben mit all seinen Sünden und Verirrungen hinter mir lassen«. Er legte eine Lebensbeichte ab. Drei Tage brauchte der Schwerenöter dafür. Offensichtlich hatte er ein langes Sündenregister. Nach seiner Bekehrung wurde er zum Gründer des legendären Jesuitenordens und zum Mann Gottes mit einer Leidenschaft für Mission. Man findet unter den Männern und Frauen Gottes viele Exemplare Mensch, die in allerlei üble Geschichten verwickelt waren. Aber Jesus Christus hat ihr Leben total umgekrempelt.

Eine sehr bewegende Begegnung war die mit *Oliver Schalk*. Was mir als Erstes an Olli auffiel: Eine besondere Mischung aus Halbwelt-Image und gewinnender Herzlichkeit. Sein Outfit: schwarze Klamotten, Halskette, rasierte Fast-Glatze, angedeuteter Szene-Bart. Seine Worte und Gesten: liebenswürdig, friedfertig, einnehmend. Ich lernte einen warmherzigen, witzigen, sprachgewandten Mann kennen, den man gern zum Freund hätte. Olli ist ein Mann mit einer unglaublichen Geschichte. Wenn vor zwanzig Jahren jemand gesagt hätte: »Der Oliver Schalk, das wird mal ein christlicher Sozialarbeiter, der Drogensüchtige aus der Sucht rausholt, sich um sozial schwierige Familien kümmert und verwahrlosten Kindern Jesus-Geschichten erzählt«, der wäre für verrückt gehalten worden. Kann wirklich aus einem gewalttätigen, alkohol- und drogensüchtigen Hooligan und Neonazi ein Mensch werden, der das Gegenteil von dem lebt, was er früher verkörperte? Kann aus einem Menschen, der mit Springerstiefel auf Menschen eintritt, die blutend am Boden liegen, ein Streetworker werden, der anderen die Liebe Gottes predigt?

Olli ist im Berlin der DDR aufgewachsen. Die Ehe der Eltern wurde wegen der Alkoholerkrankung des Vaters früh geschieden. Die Mutter, eine Lehrerin, versuchte vergeblich, ihren wilden, alle Autoritäten verachtenden Sohn zu bändigen. Mit 15 schloss sich Olli der jungen Punkbewegung in Ostberlin an. Mit 17 kommt Olli als politischer Häftling in den DDR-Jugendknast. Gleich in der ersten Nacht wird er von zehn Mitgefangenen zusammengeschlagen. Olli lernt, dass er nur mit Gewalt und Brutalität weiterkommt. Er beginnt zu hassen von ganzem Herzen: das Regime, andere Menschen, sich selbst. Nach dem Knast schließt er sich der Hooligan-Szene an, prügelt sich mit anderen Fußballfans und der Polizei. Er will in den Westen. Nach mehreren Fluchtversuchen und Gefängnisaufenthalten wird er nach West-Berlin abgeschoben. Kurz darauf fällt die Mauer. Olli wird ein Neonazi. Sein Hass hat eine neue Zielscheibe: Türken, Schwarze, Juden. Mit anderen Gleichgesinnten eröffnet er eine Hooligan-Kneipe. Er rutscht immer tiefer ab: Alkohol, Drogen, Gewalt. Auf einem Rockertreffen lernt er die christlichen Rocker von »Tribe of Judah« kennen. Die erzählen ihm bei Pflaumenkuchen und Apfelsaft, wie sie durch Jesus den Weg aus Sinnlosigkeit und Gewalt fanden, beten mit ihm und schenken ihm eine Bikerbibel. Diese Begegnung geht Olli nach. Doch dieses »Glaubenszeug« ist ihm unheimlich. Zu sehr ist sein Leben von Hass geprägt.

Als er auf einer sechswöchigen Kur zum Nachdenken über sein Leben kommt, erkennt er, dass er sich in einer Sackgasse befindet. Verzweifelt muss er sich eingestehen, dass er sein Leben vergeigt hat. Er greift zur Bikerbibel, die er aus irgendeinem Grund mitgenommen hatte. Er beginnt darin zu lesen. Vielleicht gibt es doch einen Gott? Die Geschichten von Jesus berühren ihn. Er beginnt inbrünstig zu beten: »Jesus, zeig dich mir!«

Auf seinen Spaziergängen lernt Olli Christen kennen. Neben der Kurklinik befindet sich eine Bibelschule. Die Bibelschüler geben ihm eine Schrift, wie man sich bekehren kann, und nehmen ihn mit zu ihrem Gottesdienst. Und dann ist dieser besondere Tag. Olli sitzt auf einer Bank im Klinikpark und betet ein Hingabegebet an Jesus. Er betet es nicht *ein*mal, sondern viele Male. Vor seinem inneren Augen läuft ein Film über sein Leben ab, Szenen voller Gemeinheit und Brutalität. Und er spürt das Reden Gottes in seinem Herzen, dass Jesus seine Schuld vergibt und ihm ein neues Leben schenkt. Olli heult Rotz und Wasser über sein verpfuschtes Leben und über die Barmherzigkeit Gottes. Von einem Tag zum anderen überwindet Olli seine Drogen-, Alkohol- und Nikotinsucht. Einige Bibelschüler nehmen sich seiner an und gehen mit ihm die ersten Schritte in ein neues, total verändertes Leben.

Heute arbeitet Olli in einem christlichen Sozialprojekt in einem norddeutschen Plattenbaugebiet und kümmert sich um Kinder, Jugendliche und Familien, die mit dem Leben nicht klarkommen. Ich frage Olli nach seinem Leben als christlicher Streetworker und Laienpastor. Er antwortet: »Ich habe eine riesige Freude an dieser Arbeit. Selbst aus einer Randgruppe der Gesellschaft kommend, habe ich ein großes Herz für ebendiese Gruppen von Menschen, wie Punks, Hooligans und Skinheads. Ich bin der festen Überzeugung, dass jeder Mensch, sei er noch so tief unten, von Jesus gerettet werden kann, und sehe meine Berufung darin, gerade ihnen zu helfen, aus der Aussichtslosigkeit und der Sucht, egal welcher, herauszukommen und einen Neuanfang mit Jesus zu wagen.«

Anscheinend hat Gott eine Vorliebe für Menschen, die aus einfachen Verhältnissen und problematischen Lebensumständen kommen. Gott beruft nicht die Fähigen, sondern befähigt die Berufenen. Jesus braucht nicht die Besten, sondern Menschen, die verstehen, dass sie einen Heiland brauchen. Jesus holt nicht die Stars in sein Team, sondern die Kleinen, die Gott groß macht und zurüstet für das Außergewöhnliche. *Hudson Taylor*, der große China-Missionar sagte: »Gott gebraucht die Menschen, die schwach und bedürftig genug sind, sich an Ihm anzulehnen.«

21. FASZINATION: WARUM ICH IMMER NOCH GLAUBE

EASY GOING?

Als ich in wilden Teenagerjahren den Glauben an Jesus entdeckte, war ich grenzenlos begeistert, dass es Gott gibt, dass man ihn erleben kann, dass Jesus dem Leben Sinn und Ewigkeit gibt und dass der Atheismus Unfug ist. Ich war mir sicher, dass mir nun nichts Schlimmes mehr wirklich passieren könnte und dass ich von Erfolg zu Erfolg eilen würde. Schließlich wusste ich Gott an meiner Seite. Er wird alle Hindernisse aus dem Weg räumen und meine Probleme lösen. Am Ende werde ich gelassen hinüberdämmern in Gottes neue Welt. Easy going!

Das ist nun schon Jahrzehnte her. Ich habe einige dunkle Täler durchschritten. Meine Mutter starb nach langem Leiden an einer fiesen Krankheit. Ich war Anfang zwanzig und studierte Theologie. Mutters Tod traf mich hart, und ich war sauer auf Gott, der anscheinend meine Gebete nicht erhört hatte. Auf meinem Lebensweg gab es deprimierende Niederlagen nach dem Motto: »Mal verliert man, mal gewinnen die anderen«. Zwischen vielen grandiosen Siegen musste ich auch demütigende Misserfolge einstecken und durch manche Zerbrüche gehen – beruflich und privat. Ich habe protestiert, geweint und die Faust

Richtung Himmel gereckt. Und ich habe geglaubt. Bis heute. Als es mir einmal besonders schlecht ging, habe ich das Experiment des Unglaubens versucht. Also, ich war nicht plötzlich Atheist geworden. Das hielt ich eigentlich immer für absurd. Aber ich wollte nicht mehr an die Liebe, Versorgung und Nähe Gottes glauben. Praktischer Atheismus sozusagen. Das Experiment hielt ich gerade mal zwei Tage durch. Beim Autofahren hörte ich die jazzige Version von Händels «Messias» in der Interpretation von Quincy Jones. Bei dem Track »But who may abide the day of His coming« (Wer wird ertragen den Tag seiner Ankunft) da stieg ein Jubel in meinem Herzen auf. Ich hielt an und tat etwas, was das Experiment des Unglaubens beendete: Ich kniete nieder am Straßenrand, betete, glaubte und freute mich, dass Gott mich liebt, tröstet und versorgt.

Im Leben gibt es Zeiten, in denen uns der Glaube an Gott schwer fällt. Heute, nach einigen Jahrzehnten eines Lebens mit Gott, frage ich mich: Was sind die Gründe, dass ich immer noch an Gott glaube, leidenschaftlich, begeistert und verliebt? Weil mir alles gelang? Nein! Weil mein Lebensweg immer ein Wandel auf sonnigen Auen war? Nein! Weil ich zu naiv, zu unemanzipiert, zu unkreativ bin, um mich von der Bindung an eine höhere Macht zu lösen? Nein! Weil ich schwach und abhängig bin und nun mal den Glauben als Krücke brauche, um durchs Leben zu kommen? Nein! Was dann? Was hat mir in den Jahren geholfen, ein Jünger von Jesus zu bleiben?

1. DIE KIRCHE

Ich meine mit diesem vielschichtigen Begriff nicht eine Institution, auch keine bestimmte Glaubensrichtung oder

Denomination. Es ist die Familie Gottes auf Erden, die meinen Glauben immer wieder neu belebt. Es sind die unzähligen Menschen, die meinen Lebensweg kreuzten und die mich mit ihrem Glauben, ihrer Begeisterung für das Evangelium, ihrer Gelassenheit und Fröhlichkeit beeindruckten. Irgendwo habe ich den Satz gelesen: »Christen sind Menschen, die es anderen leichter machen, an Gott zu glauben.« Solche Menschen habe ich getroffen. Sie haben mir Gott nahegebracht. Der erste Mensch war meine Mutter, die jeden Abend am Bett mit uns vier Kindern das Vaterunser betete.

Besonders gern erinnere ich mich an *Else Muche,* eine kinderlose Witwe, die mit unserer Familie befreundet war. Tante Else, wie wir sie nannten, war eine besondere Frau. Schon Ihr Outfit war der Hit: schwarze Reitstiefel, exzentrische Kleider, langer schwarzer Mantel. Sie lebte von einer kärglichen Rente mit einigen Schafen und einer Katze in einem kleinen alten Haus im Nachbardorf. Ich liebte sie. Wenn meine Eltern auf Reisen waren, gaben sie mich zu ihr. Das war großartig. Tante Else war eine wunderbare Christin. Vor dem Einschlafen erzählte sie mir Geschichten von Jesus. Und sie weinte immer dabei. Ich frage sie: »Warum weinst du?« Sie sagte nur: »Weil es so schön ist.« Ich begann zu ahnen, dass es mit diesem Mann etwas ganz Besonderes auf sich hat.

Einer der großen Ermutiger zum Glauben war mein väterlicher Freund *Bernd Motschmann.* Er begleitete mich über viele Jahre. Seine Ratschläge und Gebete waren gerade in schwierigen Zeiten eine große Hilfe. Er starb vor einigen Jahren. Eines Tages eröffnete ihm der Arzt, den Bernd wegen Schmerzen besuchte: »Sie haben einen besonders aggressiven Krebs. Ihnen bleiben höchstens sieben

Tage.« Er wurde gleich im Krankenhaus behalten. Bernd schrieb an seine Freunde: »Mein Krebs wird mir zur Tür in den Himmel.« Bewegt erzählten die Ärzte und Schwestern nach seinem Tod, dass sie noch nie einen Menschen erlebt haben, der so fröhlich, getröstet und gefasst seinem Sterben entgegenging. Wer ein gutes Wort bekommen oder einfach nur einen glücklichen Menschen sehen wollte, der brauchte nur in Bernds Krankenzimmer zu gehen.

Ich könnte von vielen Menschen berichten, die den Glauben in mein Herz pflanzten, so dass die Versuchungen des Unglaubens darin keine Nahrung fanden. Die letzte Begegnung, welche die Lust an Gott in mir entfachte, hatte ich in Medjugorje (Bosnien-Herzegowina), einem recht jungen Wallfahrtsort, der jedes Jahr drei Millionen Pilger aus aller Welt anzieht. Ich besuchte die dortige Gemeinschaft Cenacolo, in der besonders junge Menschen in Krisensituationen heilende Gemeinschaft finden, um den Sinn ihres Lebens zu entdecken und einander zu helfen, der Macht von Drogen und Gewalt dauerhaft zu entkommen. Die Gemeinschaft wurde von einer Nonne gegründet und zählt inzwischen weltweit über 60 Standorte. Ein junger Mann erzählte, wie er durch die Kraft des Glaubens und dem gemeinsamen Leben der Spirale von Drogen, Scheitern und Verzweiflung entkam. Was für ein strahlendes Zeugnis der verwandelnden Liebe Christi und der Kraft christlicher Gemeinschaft!

2. SPIRITUALITÄT

Ich kenne nichts Begeisterndes, Schöneres und Faszinierenderes als das Erleben von Gottes Nähe. Diese seltenen Momente, wo das eigene Leben im Lichte der Gnade Gottes erleuchtet wird, ich nenne sie Sternstunden der Spiritualität, haben mich mehr erschüttert und aufgewühlt als alles, was ich sonst an Erlebnissen in meinem Leben hatte. Sie haben mich inspiriert und gedrängt, die Wahrheit zu suchen und mich immer wieder nach der Quelle des Seins auszustrecken. Ich erinnere mich noch an den Morgen nach meiner ersten Beichte als 17-jähriger nach einem Abendgottesdienst. Was ich an jenem Morgen mit Gott erlebte, hat sich tief in meine Seele eingebrannt. Seit dem suche ich immer wieder die Begegnung mit dem Göttlichen: in der Anbetung, im Heiligen Abendmahl, in der Beichte, zu Exerzitien, in Lobpreisnächten, in der Bibel, in charismatischen und liturgischen Gottesdiensten. Ich spüre, wie das meinem Glauben guttut und mich motiviert, als Christ zu leben.

Wer im Glauben stehen will, muss sich immer wieder die Frage stellen: Was hilft mir, Gottes Nähe und Liebe zu glauben und zu erleben? Eine besondere Erfahrung der Nähe Gottes hatte ich in einer Situation, in der ich so etwas gar nicht erwartet hätte. Ich war bei einem Bischof in Bangalore, Indien eingeladen, um dort bei einer Reihe von Missionseinsätzen zu predigen. Eines Tages fragte er mich, ob ich nicht Lust hätte, in die Aussätzigensiedlung zu fahren, um die Menschen dort zu besuchen und für sie zu beten? Ich sagte zu und bekam einen Jeep samt Fahrer gestellt, der gleichzeitig als Dolmetscher fungierte. Wir hielten zuerst in einem Lebensmittelmarkt, um dort für die Menschen einzukaufen. Vollgepackt mit nützlichen Dingen fuhren wir zu den Aussätzigen. Was mir dann dort begegnete, ist für einen Europäer nicht so leicht zu verkraften: Armut, Not und üble Gerüche. Einige hatten abgefaulte Gliedmaßen und Nasen. Aber auch fröhliche Kinder und schöne südliche Menschen traf ich, denn viele Kranke lebten mit ihren Familien dort. Der Bürgermeister der Siedlung und viele andere erzählten mir ihre Geschichten und nannten konkrete Anliegen, wie die Kirche ihnen helfen könnte. Ich notierte mir eifrig einige Punkte, dann betete ich für sie, und zum Abschied umarmte ich sie herzlich. Das war für mich der schwierigste Punkt. Und in dem ich mich überwand und diese wunderbaren Geschöpfe Gottes in die Arme nahm, wurde mein Herz von einer überfließenden Liebe und Freude erfüllt, wie ich es selten erlebe. Winkend und mit Tränen in den Augen fuhr ich wieder davon, wissend, dass mir heute Jesus begegnet ist.

3. THEOLOGIE

Sie ist die großartigste Aktivität menschlich-göttlichen Wissensdurstes. Sie hat mir in schwierigen Zeiten geholfen, meine Gedanken zu ordnen und das im Blick zu behalten, worauf man sein Leben bauen kann. Glaube ist vernünftig. Die wichtigste theologische Lehreinheit für meinen Glauben war das Hauptseminar bei dem Neutestamentler Professor Christoph Kähler, dem späteren Thüringischen Bischof. Unser Thema: Die Auferstehung Jesu im 15. Kapitel des 1. Korintherbriefes. Uns Studenten trieb die Frage um: Was bedeutet die Auferstehung Jesu? Was ist wirklich passiert? War das Grab leer? Wir studierten die Quellen und die verschiedensten Theorien und theologischen Schulen. Wir diskutierten uns die Köpfe heiß. Was kann man glauben? Sind die Osterberichte überhaupt glaubwürdig? War die Auferstehung für die Jünger lediglich ein inneres, visionäres Geschehen, oder hatten die Jünger und über eintausend Christen damals tatsächlich eine Begegnung mit dem auferstandenen Jesus? Ist die Auferstehung Jesu nur eine Metapher für seine bleibende Bedeutung, oder ist Jesus wirklich leiblich auferstanden und in ein neues Leben als der erhöhte Herr transformiert worden? In der Auseinandersetzung mit verschiedenen Deutungsmodellen reifte mein Glaube. Die historische Faktenlage, die nach Ostern völlig veränderten Jünger, die widersprüchlichen Osterberichte, Frauen als Zeugen der Auferstehung – dies alles halte ich neben vielen anderen Argumenten für so evident, dass mir ein Zweifel an der Auferstehung schwer möglich wurde. Wenn mir vielleicht später Gottes Liebe und Heilswillen für die Menschen fragwürdig zu werden drohten, die Tatsache, dass Jesus aus dem Grab auferstand und lebt, steht als eine theologische Überzeugung und Gewissheit vor mir und hinterfragt meine Zweifel.

4. REALISMUS

Auch ich bin schon an den Punkt gekommen, wo ich in Anbetracht des unendlichen Elends in dieser Welt im Begriff war, meinen Glauben zu verlieren. Nicht wenige Menschen können irgendwann nicht mehr glauben, weil sie das nicht zusammenbekommen: einen liebenden Gott und eine leidende, blutende, hungernde, vor Schmerzen schreiende Menschheit – an Krebs erkrankte Kinder, von radikalen Islamisten ausgelöschte jüdische und christliche Familien, zum Morden gezwungene Kindersoldaten, Aidswaisen, Tsunamiopfer, ertrunkene Flüchtlinge, der brutale Krieg in der Ukraine. Warum lässt Gott so etwas zu? Warum sind Hass und Gewalt so mächtig? Warum trägt das

Böse so viele Siege davon? Warum feiert Krankheit so viele Triumphe und zerstört Schönheit und Leben?

Mir hat der nüchterne Realismus der Bibel geholfen, die Strukturen dieser endlichen Welt ein wenig besser zu verstehen: Das Böse und das Leid gehören zu ihr. Paulus schreibt »Die Schöpfung ist ja unterworfen der Vergänglichkeit – ohne ihren Willen, sondern durch den, der sie unterworfen hat –, doch auf Hoffnung. Denn auch die Schöpfung wird frei werden von der Knechtschaft der Vergänglichkeit zu der herrlichen Freiheit der Kinder Gottes. Denn wir wissen, dass die ganze Schöpfung bis zu diesem Augenblick mit uns seufzt und sich ängstet« (Römer 8,20–22). Wir leben in einer bedrohten Welt ein bedrohtes Leben. Ich verstand, dass ich in einer gefallenen Welt lebe, die geprägt ist von Tod, Zerstörung und bösen Kräften. Mitunter genügt ein Besuch beim Zahnarzt, um daran erinnert zu werden, dass die Kräfte der Vergänglichkeit ihr destruktives Werk tun. Ich lebe als Christ nicht auf einer Insel der Seligen, sondern bin Teil eines weltlichen Systems, das so lange waltet, bis diese Welt erlöst und in eine neue leidfreie, vollkommene Wirklichkeit transformiert wird.

Die Not auf diesem schönen Planeten konnte mir den Glauben nicht verleiden. Vielmehr treibt mich das Elend der Welt in die Arme Christi. Diese Welt braucht Menschen, die dem Leid im Namen Gottes entgegentreten. Die einzig richtige und angemessene Antwort auf die Frage nach dem Leid in dieser Welt lautet: *Herr, sende mich!* Es ist die Not der Menschen, die mich motiviert, an den Gott der Liebe zu glauben und im Namen dieses Gottes meinen kleinen Beitrag zu leisten gegen Unrecht, Elend, Armut und Bildungsferne.

5. DIE EINZIGARTIGKEIT JESU

Es gab Momente in meinem Leben, wo ich an Gottes Liebe und Versorgung ernsthaft zweifelte. Aber ich habe nie an Jesus gezweifelt. Er hat mich immer so fasziniert, dass ich mir sagen musste: »Jesus ist großartig«. Nun kann man schlecht sagen: »Jesus ist klasse, aber Gott kann mir gestohlen bleiben.« Wenn ich das Leben dieses Mannes aus Nazareth betrachte: Es ist so anders, so absolut genial und grandios. Es gibt nicht eine Schattenseite an Jesus. Auch viele Menschen, die dem christlichen Glauben nicht angehörten, waren tief bewegt von der Großartigkeit dieses Mannes aus Nazareth. *Albert Einstein* sagte über ihn: »Ich bin Jude, aber das strahlende Bild des Nazareners hat einen überwältigenden Eindruck auf mich gemacht. Es hat sich keiner so göttlich ausgedrückt wie er. Es gibt wirklich nur eine Stelle in der Welt, wo wir kein Dunkel sehen. Das ist die Person Jesu Christi. In ihm hat sich Gott am deutlichsten vor uns hingestellt.«

Manchmal, wenn schwere Wolken mir das Bild von Gott zu verdunkeln drohten, habe ich mich an Jesus erinnert, habe sein Leben betrachtet, seinen Worten Gehör geschenkt, seine Aktionen bewundert und vor seiner Selbsthingabe am Kreuz meine Knie gebeugt. Und ich habe den Glauben für mich neu entdeckt.

6. WISSENSCHAFT

Dass Menschen sich vom Glauben verabschieden, weil sie diesen nicht mehr mit der Wissenschaft vereinbaren können, ist für mich nur schwer nachvollziehbar. Die Auseinandersetzung mit der Kosmologie, der Relativitätstheorie, der Quantenphysik und der Informatik haben mich in der

Überzeugung gefestigt, dass der Mensch und die Welt das Resultat einer uns unendlich überlegenen, schöpferischen Intelligenz sind. Dass aus lebloser Materie und der Abfolge vieler glücklicher Zufälle ein Wesen entsteht, das die Matthäus-Passion komponierte, auf dem Mond herumlief, den »Faust« dichtete, erscheint mir völlig absurd. Ähnlich geht es dem englischen Dramatiker und Drehbuchautor Tom Stoppard (»Shakespeare in Love«), wenn er sagt: »Ich habe die Vorstellung, dass es Gott gibt, immer für absolut lächerlich gehalten, aber immer noch plausibler als die alternative Behauptung, dass grüner Urschleim, wenn er genug Zeit hat, irgendwann Shakespeares Sonette schreiben kann.«

Glauben und Wissenschaft gehören zusammen. Sie geben Antworten auf unterschiedliche Fragen. Die Wissenschaft fragt, *wie* etwas entstanden sein könnte. Der Glaube fragt, *warum* etwas entstanden sein könnte. Er fragt nach dem Grund, nach dem Sinn und nach dem Ziel des Seins. Die Fragen der Wissenschaft und des Glaubens sind beide wichtig und ergänzen einander. Die Wissenschaft braucht den Glauben, um den großen Sinnzusammenhang unseres Daseins nicht aus dem Blick zu verlieren. Die Wissenschaft begründet meinen Glauben nicht, aber sie aktiviert ihn, Antworten zu finden, welche das Leben stellt und welche die Naturwissenschaft nicht beantworten kann.

7. DAS ELEND DES ATHEISMUS

Auch gefestigte Christen können an den Punkt kommen, wo sie ernsthaft erwägen, den Glauben über Bord zu werfen. Was mich immer wieder ermutigt, an Gott festzuhalten, ist das Fehlen einer sinnvollen, überzeugenden Alternative. Ich habe in manchen Seelsorgegesprächen mit Menschen, die am Glauben zu verzweifeln drohten, ein Leben ohne Glauben durchgespielt. Stell dir vor, es gäbe keinen Gott und wir hätten uns das mit dem Glauben nur eingebildet! Vor einigen Jahren hatte ich ein intensives Gespräch mit einem verzweifelten, gebrochenen Mann. Seine Frau war vor kurzem gestorben. Von heute auf morgen. Eine strahlende Christin. Zwei Kinder im Schulalter hatten ihre Mutter verloren, ein Mann seine geliebte Frau. Wir weinten und verstanden Gott nicht. Warum lässt er so etwas zu? Was soll das? Ist Gott vertrauenswürdig? Und dann spielten wir die Frage durch: Wie könnte es weitergehen, wenn der so von Gott Enttäuschte seinen Glauben verliert und den Weg nun allein geht, ohne Gott, ohne die Gemeinschaft der Kirche? Wie könnte ein Leben ohne Glauben aussehen? Was wäre, wenn es Gott nicht gäbe? Kann man nach so einem Schicksalsschlag überhaupt ein gläubiger Mensch bleiben? Was ist die Alternative zu Jesus? Wir entwarfen Szenarien eines künftigen Lebens ohne Glaube. Das Fazit unserer atheistischen Fantasiereise war einfach nur deprimierend. Ich hörte die Worte des jungen Witwers: »Es gibt keine Alternative. Egal was passiert ist, ohne Jesus ist alles noch viel schlimmer. Ohne Glaube gibt es für mich überhaupt keinen Sinn und kein Ziel.«

22. FASZINATION: VOM URKNALL BIS ZUM HAPPY END

Ein Gespräch mit meinem säkularen Nachbarn Robert bei einem Glas Rotwein *über das Ende der Welt.*

Robert: Ich hab gestern im Fernsehen einen Film gesehen »Melancholia« von Lars von Trier. Ich sag dir, so was Düsteres! Ein unentdeckter Planet kommt hinter der Sonne vor und rast mit der Erde zusammen. Alles Leben wird vernichtet. Dabei fing der Film doch harmlos an mit einer Hochzeit. Man sah zwar im Vorspann, was kommen wird. Aber da war noch ein bisschen Hoffnung. Vielleicht geht es ja doch noch gut aus. Aber denkste. Am Ende gibt's keine Erde mehr.

Alexander: Ja, und? Was einen Anfang hat, hat auch ein Ende. Basta. Ein unentdeckter Planet, oder ein Komet oder die Supernova der Sonne, das ist so ne Riesenexplosion, die irgend wann in paar Milliarden Jahren das gesamte Sonnensystem vernichtet. Samt Erde. Das steht fest.

Robert: Dann gibt's uns irgendwann nicht mehr, ich meine nicht nur uns zwei, sondern die Menschen, Vögel, Berge, Meer, Fische, Elephant, Blume.

Alexander: Genau. Nix bleibt.

Robert: Naja, vielleicht ham wir dann ne Art zweite Erde gefunden irgendwo im Weltraum, zu der wir ausreisen. Mit Raumschiffen, wie in Enterprise.

Alexander: Das hilft nicht. Es gibt da noch eine andere Katastrophe. In paar Milliarden Jahren kollidiert unsere Galaxie mit der Nachbargalaxie, dem Andromedanebel. Da bleibt nicht mal unsere Galaxie ganz.

Robert: Keine guten Aussichten, wenn du mich fragst. Aber denkst du wirklich, dass es mal einen Anfang von dem ganzen Universum gab? In meiner Ostberliner Schule habe ich noch gelernt, das Universum ist ewig, ohne Anfang und ohne Ende, weil die Materie ewig ist.

Alexander: Nee, das ist Quatsch. Du weißt doch: der Urknall! Irgendwann vor Milliarden Jahren hat's aus dem Nichts heraus mächtig gerumst. Dann war's da, das Universum, und später dann die Saurier und noch später wir.

Robert: Ja, dass durch den Urknall irgendwie alles entstand, weiß ich eigentlich. Wir sind letztlich das Ergebnis einer Megaexplosion und werden durch einen gigantischen kosmischen Crash wieder verschwinden. Spurlos sozusagen. Das erzeugt kein gutes Gefühl bei mir. Da frage ich mich: Was soll das Ganze? Uns gibt's ohne Grund, und dann verschwinden wir wieder ohne Grund.

Alexander: Seh ich nicht so!

Robert: Wie, seh ich nicht so? Was ist bei dem Ganzen der Sinn?

Alexander: Naja, der Sinn liegt im Urknall.

Robert: Wo liegt in einem sinnlosen Knall der Sinn?

Alexander: Der Sinn besteht darin, dass jemand geknallt hat.

Robert: Du meinst, da hat jemand den Riesenknaller veranstaltet, so'n göttliches Wesen, das schon vorher da war?

Alexander: Ja, so war's wohl.

Robert: Achso, du schaffst es mal wieder, die Kurve zum lieben Gott zu kriegen. Ich erzähl dir was vom Weltuntergang, und wir landen beim Thema Gott.

Alexander: Da kann ich nix für. *Du* kommst mit dem Sinn vom Ganzen. War deine Idee.

Robert: Ja, weil mich der Film frustriert hat. Eine universale Katastrophe, und nichts bleibt mehr.

Alexander: Ach was, kein Grund zum Frust!

Robert: Jetzt sag du mal, wie das gut ausgehen kann in Anbetracht von Selbstzerstörung des Planeten und der Supernova der Sonne, wenn unser Sonnensystem zerstört wird.

Alexander: Ich sag doch, liegt am Urknall und an dem, was das Ganze soll.

Robert: Du sprichst in Rätseln. Bestimmt haste da wieder eine religiöse Theorie.

Alexander: Nö, ne wissenschaftliche. Die Wissenschaftler sagen nämlich, dass bereits beim Urknall alles so eingerichtet war, dass es den Menschen geben soll. Der Mensch soll als Endergebnis dabei rauskommen. Viel später zwar, aber schon, als alles entstand, also die Materie, Naturgesetze, die Zeit und so, da stand auch fest, dass es mal den Menschen gibt. Der war sozusagen von Anfang an einprogrammiert.

Robert: Wo haste denn die Weisheit ausgegraben?

Alexander: Viele Wissenschaftler kommen aus dem Staunen nicht heraus, dass es schon beim Urknall eine Feinabstimmung gab, dass sozusagen alles auf die Entstehung des Menschen hinzielte. Sie haben einen Namen dafür: »das anthropische Prinzip«. Da hat jemand so geknallt, das am Ende der Mensch bei rauskommt. Gott hat geknallt und alles genauso eingerichtet, dass es dich gibt. Und deshalb biste auch wichtig, weil du nicht einfach Zufall bist, sondern gewollt, vom lieben Gott höchstpersönlich. Von Anfang an.

Robert: Und das glaubst du? Da knallt's am Anfang, damit es mich gibt und die ganze Welt mit Tieren und soweiter. Und dann knallt's noch mal, und dann ist alles wieder weg. Nee, das macht keinen Sinn.

Alexander: Gott hat nicht geknallt, um am Ende alles wieder zu vernichten. Wir Christen glauben, dass die Erde und die Menschen nicht einfach vernichtet werden, sondern vollendet. Also, das ist wie so'n Gemälde. Das ist noch nicht fertig. Es steht beim lieben Gott noch auf der Staffelei. Er arbeitet noch dran. Aber eines Tages wird er es vollenden und mit uns und für uns was ganz Neues, noch viel Großartigeres machen. Am Ende steht nicht der Untergang. Gott zerstört sein schönes Gemälde nicht. Er vollendet es. Auch dich und mich.

Robert: Hm, klingt zumindest besser als bei Melancholia, wo alles ausgelöscht wird.

Alexander: Du hast doch auch die Sehnsucht in dir, dass wir nicht einfach verschwinden, sondern dass etwas bleibt und Bestand hat? Ich weiß, dass ich meine Mutter wieder sehe, die viel zu früh an einer fiesen Krankheit gestorben ist.

Robert: Meinst du wirklich, dass da noch was kommt? Ich kann mir das einfach nicht vorstellen. Ich denke, wir haben nur dieses Leben. Von meinem Schulfreund Sven ist vor einigen Wochen der Junge tödlich verunglückt.

Ich war auf der Trauerfeier. Als ich am Ende meinen Freund umarmte, sagte er mir unter Tränen: »Das kann nicht alles gewesen sein. Er war so jung.« Das habe ich sofort verstanden. Auch in mir protestiert alles gegen dieses Ende.

Alexander: Das Einzige, was wirklich hilft, wenn die Macht des Todes uns in die Verzweiflung treibt, ist die tiefe Überzeugung, dass das Leben stärker ist als der Tod.

Robert: Da ist jemand gestorben und wird zu Staub! Wo soll da das Leben stärker sein?

Alexander: Leben ist kein Zufall, sondern eine Idee Gottes. Du bist kein Zufall, sondern Gott will dich. Diese Erde mit ihrer Menschheit hat einen tiefen Sinn und ein Ziel. Das hängt mit Gott zusammen. Ohne Gott ist die Erde ein Massengrab, das durch ein sinnloses Universum rast.

Robert: Und mit Gott? Es gibt doch Leid und Sterben. Und am Ende gibt es die totale Vernichtung der Erde, unseres Sonnensystems, unserer Galaxie? Wenn uns so ein Gott wollte, warum eigentlich?

Alexander: Weil er lieben will. Verstehst du, wer liebt, will lieben. Und wer liebt, will keine Trennung, kein Ende. Er will für immer mit dem zusammen sein, den er liebt. Deshalb werde ich auch meine Mutter wiedersehen.

Robert: Wie kommst du eigentlich darauf? Ich meine, wie kommt man zu so einem Glauben? Glaube ist doch so ein Konstrukt für Menschen, die sich mit unserer Endlichkeit nicht abfinden wollen.

Alexander: Weil Gott jemanden geschickt hat, einen, der von ihm selber kommt, um uns zu sagen, dass wir geliebt sind und dass dieses Leben hier nicht alles ist.

Robert: Ah, du redest von Weihnachten, wo Jesus gekommen ist

Alexander: Genau. Und er sagt, dass Gott kommt, um sein Werk zu vollenden. Sein Werk, das ist die Welt, aber das sind vor allem wir Menschen. Und das feiern wir. So wie wir zu Weihnachten feiern, dass Gott durch dieses Baby, ich meine Jesus, zu uns gekommen ist, so glauben wir, dass Gott zu uns kommt, sein Werk zu vollenden, und zwar am Ende der Geschichte.

Robert: Das ist so eine Art Lichtblick für Leute, die sich vorm Weltuntergang fürchten?!

Alexander: Ja, das ist sehr hoffnungsvoll. Am Ende steht nicht das Nichts, sondern Gottes neue Welt.

Robert: Happy End für die Welt?

Alexander: Nun ja, so könnte man es sehen. Einer der christlichsten Sätze, die ich kenne, lautet: Am Ende wird alles gut.

Robert: Das klingt irgendwie absolut abgefahren. Ist aber bloß so ne Theorie für Christen.

Alexander: Ja, Christen glauben das, weil es Jesus gesagt hat. Aber es ist mehr als eine Theorie. Gott gibt's, und er ist gut, und er mag Menschen. Deshalb macht er am Ende alles gut. Wir glauben, dass die Vollendung der Welt tatsächlich eintritt. Das wird ein Ereignis für alle, auch für uns zwei.

Robert: Du bist wirklich der Schrägste von meinen Freunden. Es wäre ja grandios, wenn es wirklich so kommen würde, wie du sagst. Aber wie kann man so was glauben? Aber vielleicht immer noch besser, als an das Nichts zu glauben.

NACHKLANG

Wer sich in Sachen Zukunft und Hoffnung weiterbilden möchte, dem sei die Lektüre des folgenden Buchs empfohlen: Hans Rosling, »Factfulness: Wie wir lernen, die Welt so zu sehen, wie sie wirklich ist«. Dieses Buch ist ein wissenschaftlicher Augenöffner. Der Autor enttarnt pseudowissenschaftliche Szenarien und Mythen, die unseren Blick auf die Welt verdunkeln. Hans Rosling ist ein akademisches Schwergewicht. Er war Professor für Internationale Gesundheit, ist Gründungsmitglied von »Ärzte ohne Grenzen« und Mitglied der Schwedischen Akademie der Wissenschaften.

Alexander Garth

Untergehen oder Umkehren

Warum der christliche Glaube seine beste Zeit noch vor sich hat

240 Seiten | Paperback
ISBN 978-3-374-06915-6
EUR 15,00 [D]

Während das Christentum weltweit dynamisch wächst, befinden sich die europäischen Volkskirchen in einem dramatischen Niedergang. Alexander Garth beschreibt, wie das volkskirchliche Modell eine Mentalität und Theologie geformt hat, die einen missionarischen Aufbruch verhindern. Die ererbte Form des Christentums scheitert an den Herausforderungen einer offenen, liberalen, sich wandelnden Gesellschaft, in der die Menschen ihre Religion frei wählen. Garth bleibt nicht stehen, bei der Beschreibung der Situation, sondern sieht in der Krise eine von Gott eröffnete Chance.

EVANGELISCHE VERLAGSANSTALT
Leipzig   www.eva-leipzig.de

Fabian Vogt
mit Walter Lechner,
Svenja Neumann und
Andreas Schlamm

Zukunft und Hoffnung!

Zwölf Ermutigungen für
die Kirche von morgen

88 Seiten | Paperback
ISBN 978-3-374-07777-9
EUR 10,00 [D]

Ich weiß wohl, was ich für Gedanken über euch habe, sagt Gott: Gedanken des Friedens und nicht des Leides, dass ich euch ZUKUNFT UND HOFFNUNG gebe. Jer 29,11

Wie wird sie aussehen: die Kirche von morgen? Und welche ZUKUNFTsperspektiven gibt es, die uns HOFF-NUNGsvoll nach vorne schauen lassen?

Dieses Büchlein stellt 12 ERMUTIGUNGEN vor ... 12 Impulse für alle, die Kirche weiterdenken und -gestalten möchten; präsentiert von Referentinnen und Referenten der Zukunftswerkstatt midi!

60 Minuten Lektüre, die Mut machen, die notwendigen Veränderungen lustvoll anzugehen und als Chancen wahrzunehmen.

EVANGELISCHE VERLAGSANSTALT
Leipzig www.eva-leipzig.de

Tel +49 (0) 341/ 7 11 41 -44   shop@eva-leipzig.de

Fabian Vogt
Das Bilderbuch Gottes

Wie die Gleichnisse Jesu
uns das Leben vor Augen
malen

224 Seiten | 13,5 x 19 cm
Klappenbroschur
ISBN 978-3-374-07647-5
EUR 18,00 [D]

Jesus hat es geliebt, Gleichnisse zu erzählen. Das waren mitreißende Geschichten, die bis heute vor Augen malen, wie ein Leben voller Glaube, Liebe und Hoffnung aussieht ... und wie man den »Himmel auf Erden« erleben kann. Fabian Vogt stellt zwölf dieser faszinierenden Erzählungen vor und zeigt, welche Kraft in ihnen steckt und wie sie Lust machen, das eigene Leben »weiterzumalen«. Dazu passen bestens die inspirierenden Bilder der Künstlerin Joy Katzmarzik.

EVANGELISCHE VERLAGSANSTALT
Leipzig www.eva-leipzig.de

Tel +49 (0) 341/ 7 11 41 -44   shop@eva-leipzig.de